• 처음북스의 책들 •
www.cheombooks.net

인간은 왜 세균과 공존해야 하는가

마틴 블레이저 지음 · 이유경 옮김

어렸을 때, 단 한 번의 항생제 사용으로도 우리 몸의 미생물계는 크게 타격을 입는다. 사라진 미생물은 천식, 비만, 당뇨 등의 현대병이 늘어나는 중요 요인이라고 이 책은 주장한다. 항생제가 남용되고 있는 시점과 현대병이 늘어나고 있는 시점이 겹친다는 것은 과연 우연일까?미국 항생제 사용량의 70퍼센트 이상이 사료에 쓰이고 있다. 과연 우리는 항생제 과용에서 안전할 수 있을까?

통증에 대한 거의 모든 것
음식, 운동, 습관, 약물, 치료로 통증 극복하기

해더 틱 지음 · 이현숙 옮김

인간을 이해하면 통증은 치료된다.
닥터 틱은 건강에 초점을 맞춘 새로운 통증 관리 방식을 제시한다.
이 책의 목적은 현실적이며 고무적인, 통증 없는 인생에 대한 처방이다.

이것이 진짜 메이저리그다

제이슨 켄달, 리 저지 지음 · 이창섭 옮김

하나의 투구는 결투가 되고, 한 번의 타격은 스토리가 된다.
투수가 언제 타자를 향해 공을 던지고, 타자는 왜 투수에게 달려드는가?
야구장 밖에서는 알 수 없는 메이저리그의 생생한 진짜 이야기.

두뇌혁명 30일

리차드 카모나 지음 · 이선경 옮김

미국 최고의 웰빙 리조트 '캐년 랜치'의 30일 뇌 개선 프로젝트
인간은 두뇌가 모든 것이다. 날카로운 사고, 통찰, 지성.
두뇌의 건강이 나빠지면 더 이상 이런 것들을 기대할 수
없을 것이다. 우리가 반드시 알아야 할 두뇌 건강에 대해 알아보자.

강아지와 대화하기
애견 언어 교과서
미수의행동심리학회(ACVB) 지음 · 장정인 옮김

내가 키우는 개, 잘 알고 계신가?
최고의 전문가로부터 개의 일반적 행동에 대해,
그리고 바람직한 행동을 할 수 있게 하는 방법에 대해 배워보자.

당뇨에 대한 거의 모든 것
당뇨는 치료될 수 있다

게리 눌 지음 · 김재경 옮김

사람들은 몇 년 후에 걸릴 병을 상담하러 병원에 오지 않는다. 사람들이 병원에 찾아갈 때는 바로 병에 걸려서 치료가 어려워지기 시작한 그 이후다. 이 책은 적어도 몇 년 후에 당뇨병 때문에 병원에 갈 일은 없게 해줄 것이다. 당뇨의 원인과 예방, 대증요법, 그리고 당뇨에 대해 궁금해했던 것을 이 한 권으로 해결할 수 있다.

▌자연과학

상대성 이론이란 무엇인가

제프리 베네트 지음 · 이유경 옮김

아인슈타인의 아이디어는 무엇이었으며, 우리에게 어떤 영향을 미치는가?
시간과 공간이 휘어져 있다는 놀랍도록 신기한 이야기가 놀랍도록 쉽게 펼쳐진다.
숫자와 공식을 전혀 몰라도 재미있게 볼 수 있는 본격 상대성이론 이야기.

여섯 번째 대멸종

엘리자베스 콜버트 지음 · 이혜리 옮김

여섯 번째 대멸종의 원인은 인간인가
아프리카에서 처음 생겨난 인류는 전 세계로 조금씩 발을 넓혀 퍼져 나갔다.
인류의 발자취가 발견되는 곳에서는 꼭 거대동물의 멸종이 일어났다.
과연 우연일까? 인류세라고 이름 붙인 현재, 동물의 종이 급격하게
줄어들고 있다. 이미 대멸종은 시작된 것 아닐까?

당신이 10년 후에 살아있을 확률은

폴 J. 나힌 지음 · 안재현 옮김

세상에는 무수한 확률이 가득 차 있다. 그러나 대부분의 사람은
확률이 아니라 우연에 의지한다.
지금부터 이 책이 우연이 아니라 확률의 세상으로 인도할 것이다.

▌청소년

소셜시대 십대는 소통한다

다나 보이드 지음 · 지하늘 옮김

네트워크화 된 세상에서 그들은 어떻게 소통하는가.
이해 못할 이들을 이해하게 해주는 힘이 이 책에는 있다.

십대의 두뇌는 희망이다
혼란을 넘어 창의로 가는 위대한 힘

대니얼 J. 시겔 M.D 지음 · 최욱림 옮김

십대는 단지 억누르고 스쳐 지나가는 시기가 아니다. 십대의 톡톡
튀는 성향은 인류가 가진 본능이며 이 본능 덕분에 우리는 발전할
수 있었다. 이런 십대의 힘을 성인까지 유지할 수 있다면 우리는
또 다른 도약을 할 것이다. 아마존, 뉴욕타임즈 베스트셀러.

▌가정과 생활

부모를 위한 아티스트 웨이
예술적 감성을 가진 아이 키우기

줄리아 카메론 지음 · 이선경 옮김

『아티스트 웨이』로 수많은 독자의 가슴에
예술적 감성을 키워주었던 줄리아 카메론이,
이제 아이의 예술적 감성을 키워주는 진솔한 조언을 해준다.

우리 아기가 궁금해요
아기와 함께하는 재미있는 육아 실험 50가지

숀 갤러거 지음 · 장정인 옮김

아기의 발달 과정을 부모가 직접 파악할 수 있는 방법을 알려
준다. 이 책에 실린 실험들은 쉽고 흥미로우며, 과학적 내용
을 바탕으로 한다. 부모가 갓 태어난 아기를 이해하기에 더없
이 훌륭한 수단이 아닐까 싶다

미
생,
완생을
꿈꾸다

미생, 완생을 꿈꾸다

초판 1쇄 발행 2015년 2월 25일

지은이   정민주 외 9명
발행인   안유석
편 집   이상모
표지디자인   박무선
펴낸곳   처음북스, 처음북스는 (주)처음네트웍스의 임프린트입니다.

출판등록 2011년 1월 12일 제 2011-000009호
전화 070-7018-8812 팩스 02-6280-3032
이메일 cheombooks@cheom.net

홈페이지 cheombooks.net 페이스북 /cheombooks
트위터 @cheombooks 북클럽 http://cafe.naver.com/leadersbookclub
ISBN 979-11-85230-48-1 03190

* 잘못된 서적은 교환해 드립니다.
* 가격은 표지에 있습니다.

정민주
최지연
최윤섭
안유석
김연지
김송현
배재우
서영진
고현운
강보라
공저

미생, 완생을 꿈꾸다

토요일 아침 **7시 30분**
HBR 스터디 모임 이야기

처음북스

| 차례 |

조금 늦은 듯하지만
새로운 꿈이 생겼다면

...

평범한 사람들의 이야기 속에
비범한 진실 하나

나는 자기계발서를 참 싫어하는 사람이다. 자기계발서에는 내가 모르는 새로운 내용이 하나도 없는 듯했다. 고작 누구나 아는 이야기를 들려주려고 책을 썼단 말인가. 삶이 답답해 지푸라기라도 잡고 싶은 사람의 심리를 이용해 그럴싸하게 포장된 말로 그들을 현혹하려는 것이 아닌가, 하는 생각이 먼저 들었다. 꼬여버린 마음 때문이었을까. 서점에서 자기계발서 코너에 몰려 있는 사람들을 보면 안타깝기도, 혹은 한심하기도 했다.

하지만 이런 이야기를 하기에 부끄러울 정도로 지금 내 책장 한 편에는 꽤나 많은 자기계발서가 꽂혀 있다. 대체 이 책들을 언제 다 사 모았나 싶을 정도다. 심지어 책상 바로 앞에 내가 특히 좋아하는 책만 모아둔 책장이 있는데 제일 윗줄의 반 정도를 자기계발서가 차지고 있다. 내가 왜 그랬을까.

그 책들을 사서 읽었던 시기를 돌이켜보면 참 고민이 많았던 시절이었다. 전과를 고민하던 대학교 2학년 여름 방학 시절, 취업 준비에 정신 없던 졸업 학기, 퇴사를 고민하던 직장 3년차 겨울……. 그때는 내가 스스로에게 많은 질문을 던지던 시기였으며, 또한 동시에 여러 개의 갈림길 중 하나를 선택해야 했던 시기였다. 그 질문에 대한 답을 찾으려고 어디든 도움을 청하고 싶었다. 가끔 선배를 찾아가고, 회사 동료에게 질문을 던져보았지만 결국 찾은 게 자기계발서였다. 그리고 의외로 꽤 많은 순간, 그 책 안에서 실마리를 찾아냈다.

우리는 유명한 사람들의 성공 스토리에 흥미를 갖지만, 정작 도움이 필요할 때는 주변 사람에게 더 의지한다. 나와 비슷한 환경에서 살고 있는, 나와 비슷한 나이대의 평범한 사람들. 나와 비슷한 사람이 해주는 이야기에 더 공감하고, 그들을 더 신뢰한다.

이 책은 우리가 흔히 볼 수 있을 법한, 그러나 조금은 특별한 아홉 명의 이야기를 담고 있다.

나는 재작년부터 매주 토요일 오전 7시 30분에 열리는 모임에 나가고 있다. 이 모임은 HBR(하버드 비즈니스 리뷰) 아티클을 함께 나누고 토론하는 모임이다. 대학 시절 과제를 작성하려고 HBR을 검색하다가 알게 된 스터디 모임이었는데, 믿기지 않게도 모임 시간이 토요일 아침 7시 30분이었다. 모임의 취지와 내용은 참 좋아 보였지만 나같이 게으르고 아침잠이 많은 사람은 도저히 나갈 수 없는 모임이겠다 싶었다. 한번 참여해보면 좋겠다는 마음만 남기고 돌아선 나는 이후 오랫동안 그 모임을 잊고 지냈다.

그런데 언제였던가, 영어 공부를 다시 시작해야겠다는 생각이 들어 영어 아티클들을 찾아 하루에 하나씩 읽기 시작했다. 어느 날엔가 HBR 아티클을 다시 접했는데, 혼자 읽으려니 진도도 잘 안 나가고 아쉽다는 생각이 들었다. 그때 한동안 잊고 있던 HBR 스터디 모임이 떠올랐고 그곳에 나가봐야겠다고 결심했다.

처음 스터디 모임 장소에 들어선 순간을 지금도 잊을 수 없다. 졸린 눈을 비벼가며 겨우겨우 일어나 토요일 아침 7시 30분에 강남역의 한 베이커리를 찾아 갔다. 2층으로 올라간 내 눈앞에는 놀랍게도 30명에 달하는 사람들이 자리를 가득 채운 모습이 펼쳐졌다. 대체 이 많은 사람들이 무슨 이유로 주말 아침에 여기에 나와 있는 것일까.

하지만 모임이 끝나갈 즈음이 되자 나는 그들의 마음을 조금씩 이해하기 시작했다. 다음 주에도 이곳에 나와야겠다는 마음도 들었다. 정말 다양한 분야에서 활동하는 사람들이 모여, 서로 이해관계가 얽힌 부분 없이, 순수하게 자신의 생각을 꺼내 놓고 그 생각을 토론하는 모습이 정말 신선했다. 회사에 입사한 후로는 쉽게 볼 수 없는 풍경이었다. 회사에서는 같은 이슈를 두고 각자의 이해관계를 따져가며 날을 세우곤 한다. 옳고 그른 것이 문제가 아니라 자신에게 어느 정도 이익이 돌아오느냐에 따라 의사가 결정되는 부분이 많았다. 하지만 이 모임은 달랐다. 스스럼없이 자기가 가진 지식을 사람들에게 나누어주고, 그 이야기를 듣는 사람들은 자신의 경험을 덧붙여 더 풍성한 스토리를 만들어냈다.

그날부터 나는 꽤 자주 모임에 참석했다. 낯을 가리는 성격 탓에 사람들과 그리 친해지지는 못했지만 1년쯤 모임에 참석하며 인사를 나누다 보니 그들에 대한 궁금증이 더 커졌다. 어떤 사람들일까? 이 시간, 이 장소에 어떤 의미를 두고 참석하는 것일까? 이 사람들은 어떻게 살아와서 현재의 모습이 되었을까? 지금은 무엇을 위해 살고 있을까? 내가 모르는 이 사람들의 순간순간은 어떤 모습일까?

매우 평범하지만 또 어떤 측면에서는 아주 특별한 이 사람들의 이야기에 호기심이 생겼다. 그 호기심을 해결하고자, 그리고 꿈을 이루려는, 소위 말해 완생을 이루려는 사람들이 거쳐야 할 고민의 무게를 조금이나마 덜어주고, 많은 청춘에게 작은 위로와 앞으로 한 발짝을 내딛는 용기를 주고자 이 인터뷰 프로젝트를 시작했다.

회사에서, 주변에서, 스쳐 지나가면서 마주칠 법한 사람들의 특별한 이야기를 풀어놓고 보니 내가 지금 겪고 있는 청춘의 고민은 나 혼자만의 것이 아니구나, 모두들 비슷한 고민을 품고 비슷한 생각을 하며 해답을 찾아 달려가고 있구나, 하는 생각이 들었다.

많은 선택의 기로에서 어디로 가야 할지 보이지 않는 순간에는, 비슷한 상황을 겪어 보았던 사람의 이야기, 지금도 같은 고민을 하며 미래를 향해 달려 나가고 있는 사람들의 이야기가 듣고 싶을 것이다. 지극히 혐오하던 자기계발서를 나도 모르게 집어 들던 몇 년 전의 나처럼, 이 책을 읽는 분들도 평범한 사람들의 이야기 속에서 비범한 진실 하나를 찾아 가슴에 남겼으면 한다.

지금 하고 있는 일에서

보람을

찾고 싶다면...

사회 생활을 하다가 현재 본인이 하고 있는 업무에 무료함을, 또는 지겨움을 느낄 때 가장 쉽게 하는 생각이 무엇일까. 하루에도 수십 번씩 직장인들은 혼자 마음속으로 내뱉는다. "아, 그냥 다 그만두고 싶다." 이 말에 상응하는 가장 빠른 해결책은 아마도 직장을 때려치우는 것일 테다.

다들 내뱉는 이 말을 실천하는 사람은 극히 드물다는 것을 우리 모두 잘 알고 있다. 더 이상은 정말 못 견딘다며, 이제는 일을 그만두겠다고 버럭버럭 큰 소리로 화를 내는 사람일수록 회사에 더 오래 붙어 있다는 우스갯소리가 정말 내 주변에서 확인할 수 있는 '진리'였다.

막상 회사를 그만두려면 발목을 잡는 것이 한두 가지가 아니다. 내가 지금까지 해온 것이 있는데, 이 자리까지 오려고 포기한 것이 얼마이며 또 투자한 것이 얼마였는데. 투자 대비 효용을 생각해보면, 아직 손익분기점을 달성하기에는 한참이나 남았다는 것을 깨닫는다.

게다가 이렇게 호기 있게 회사를 그만 두고 나면, 당장 내일 아침은 어떻게 되는 것일까. 평생 해본 거라고는 이 일밖에 없는 내가 과연 무엇을 새로 시작할 수 있을까. 충만한 자신감은 좋지만 그렇다고 미래가 항상 밝을 것이라 장담할 수만은 없다. 이것이 철이 들 대로 들어버린 직장인의 현실이다.

이런 고민과 늘 함께 하기 때문일까. 힘든 시기에 가장 먼저 드는 생각은 '회사를 그만두자'지만, 실제 가장 많은 사람이 선택하는 답안은 '조금만 더 참고 버텨보자'다.

그렇다면 조금 손쉽게 '더 버텨보는' 방법이 있을까? 사실 현재 본인이 하고 있는 업무가, 본인이 가장 잘하는 업무인 경우가 의외로 많다. 이것은 그 업무에 소질이 있어서, 또는 정말 적성에 맞아서가 아니다. 다른 일을 해본 경험이 없고, 그 일을 가장 오래 해왔기에 손에 익어서다.

냉정하게 판단해 보았을 때 자신의 강점을 살리려면 현재 하고 있는 분야의 일을 유지하는 게 최선이다. 그래도 자리를 유지하는 것은 정말 잘못된 판단이라는 생각이 무척 자주 든다. 그렇다면 또 다른 계획을 세워야 할 것이다.

이 장에서는 자신이 강점을 조금 다른 분야와 연계하여 긍정적으로 강화하고 있는 사람들을 만나보려 한다. 그저 취미로 시작한 분야일 수도 있고, 단순한 호기심에, 우연한 기회에, 혹은 정말 본인의 분야에서 진지한 발전을 이루려고 새로운 융합 분야를 찾아낸 사람도 있다. 그들은 공통적으로, 새로운 분야를 기존의 분야와 적극적으로 조합해 남들에게 없는 강점을 만들어 냈다.

자신의 분야를 유지하면서도 새로운 분야를 접목했기에 기존 업무를 하며 느꼈던 무료함과 지겨움은 벗어버릴 수 있었고, 여러 분야를 조합함으로써 한 분야 안에만 머물렀던 사람들과는 차별화되는 확연한 강점을 가질 수 있게 되었다.

자, 이제 그 세 명의 이야기를 들어보자.

세상을 담아내는
선생님

HBR 모임은 토요일 아침 7시 반에 모여 공부를 하는 모임입니다. 이 모임에 대해 처음 들었을 때 문득 떠오른 생각은 '이런 모임에 나오려는 의지가 있는 사람 중 나쁜 사람이 있겠나' 하는 것이었습니다. 참 열심히 사는, 나와 비슷한 성향을 가진 사람들이 모여 있을 것이라는 막연한 기대가 있었습니다. 모임에서 자주 발제를 하거나 적극적으로 참여하지는 못했지만, 그저 아침 일찍 일어나 모임 장소로 가서 사람들의 이야기를 듣는 것만으로도 충분히 좋았습니다. HBR 모임에서 HBR 아티클이 주가 된다고 생각할지 모르지만 그건 그저 매개일 뿐입니다. 아티클은 내공 있는 사람들로부터 실전 이야기를 이끌어 내는 촉매제 역할을 한다고 할까요. 사람들의 에피소드가 모이고 아티클을 뛰어넘는 수준의 대화가 오가면 저에게도 큰 자극이 되고 진짜 공부를 하고 있다는 느낌을 받습니다. **_ 최지연**

여행하는 교사

여행을 즐겨 하는 교사. 처음 이 말을 들었을 때에는 다소 부정적인 느낌이었다. 요즘 여행을 싫어하는 사람이 몇이나 될까? 다들 쉽게 여행할 수 있는 여건이 아니다 보니 여행을 자주 다니지 못하는 것이지, 방학이 있는 교사라는 직업 특성상 여행을 즐기는 건 그냥 평범한 것 아닐까? 나는 최지연 씨에게 특별한 이야기를 들을 수 있을지 반신반의하며 투덜댔다. 당시 마음 한구석에 어느 정도의 부러움이 자리 잡고 있었던 것 같다. 하지만 막상 그녀의 이야기를 듣다 보니 부러움보다 존경심이 솟아났다.

특이한 사회교육과 학생

논리적인 이과 과목보다는 스토리가 있는 사회와 역사 과목을 좋아했던 최지연 씨는 중학교 때 자신보다 세 살 많은 고등학생 언니에게 사회탐구 영역을 가르쳐주기도 할 만큼 그 분야에 뛰어난 모습을 보였다. 그런 그녀였기에 특별한 고민 없이 자연스럽게 사회교육학과에 입학했다. 그런데 막상 대학에 들어가니 생각보다 전공 공부나 학교 생활이 재미없었다. 사범대 1학년, 동기들은 모두 빨리 졸업학점만 이수하고 임용고사 자격을 얻으려 준비했다. 대학생인데도 똑같은 시간표를 짜고 하루 종일 같은 수업을 듣고 같이 점심을 먹었다. 하지만 그녀에게는 전공 말고도 대학교에 오면 꼭 배우고 싶었던 것들이 많았다.

결국 그녀는 친구들과 떨어져 따로 교양과목과 타과 수업들을 신청해 들으며 시간을 보냈다. 덕분에 더 많은 사람들을 만나 새로운 경험을 할 수 있었다. 그렇다고 마음대로 놀면서 시간을 보낸 것은 아니었다. 고3 때보다 더 일찍인 새벽 6시 반에 일어나 영어학원을 1년간 하루도 빼놓지 않고 다녔다. 임용고시 준비에 영어는 필요하지 않지만 그저 영어가 재미있어서 스스로 공부했고, 복수전공도 영문과로 선택했다. 그렇게 한 해를 보내고, 휴학했다. 휴학 한 당시에는 미국에 다녀온 후 간단한 통역 아르바이트를 했다. 대한무역투자진흥공사(KOTRA)의 무역 부스에서 통역을 담당하며 시간당 3~4만 원을 벌었다. 별 생각 없이 시작한 일이었지만 꽤나 재미있었고, 통역사로 일하는 것을 진지하게 고민해 보았다. 하지만 장기적으로 일하기에는 눈에 보이는 커리어 패스가 없다는 것이 마음에 걸렸다.

다시 교사의 꿈을 꾸다

고민에 고민을 거듭하다가 시간이 흘러 그녀는 4학년이 되었고 교생 실습을 나갔다. 동기들보다 유난히 생각이 많았던 그녀지만 막상 실습을 나가 학생들과 시간을 보내다 보니 어느새 교직에 매력을 느끼고 있었다. 그녀는 그때부터 교사라는 꿈을 키웠다. 마침 영문과 복수전공 중이었기 때문에 영어교사와 사회교사 자격증을 모두 취득할 수 있었다. 본인이 가진 두 가지 자격증을 어떻게 활용할까 고민하던 그녀에게 먼저 제안이 들어왔다. 새로 개교하는 국제 중학교에서 영어로 사회 과목을 가르칠 교사를 찾고 있었던 것이다. 그녀와 같은 자질을 갖춘 인력이 많지 않았기 때문에 마침 다니던 학교에서 그녀를 추천했고, 그녀는 자연스럽게 국제중학교 개교에 합류했다.

교사로서의 시작

그녀가 근무하고 있는 국제 중학교에는 조금 특이한 시스템이 있었다. 중고등학교 6년 과정을 연계하여, 한 한기에 100여 명의 학생만을 가르치는 소규모 학교인데 커리큘럼 및 운영 방식이 다른 학교와는 상당히 다르다. 이 내용으로 책도 출간되었을 정도라고 한다. 세미나 형태로 이루어지는 수업 커리큘럼은 학생과 교사의 상담을 통해 조절한다. 단순히 교과서 내용을 읽고 문제집을 같이 풀며 학습하는 구조가 아니라, 풍부한 자료를 다각도로 바라볼 수 있도록 하는 교육 방식을 추구한다. 예를 들어 이승만, 이시영과 같은 한국의 근현대사 속 인물을 공부하는 경우, 그들의 삶을 한 살부터 따라간다. 조선시대에 태어난 이승만의 어린시절 가정환경과 사회환경, 하버드와 프린스턴에서 수학했던 학창시절, (대한민국 1,2,3대) 대통령으로서 그의 과오와 4·19 혁명 등을 학습하고 지식 엘리트의 사회적 역할에 대해 함께 고민해본다. 심지어 이승만이 직접 쓴 박사 논문을 원문으로 다운로드 받아서 함께 읽어보고 토론하기도 한다. 이렇게 다양한 내용을 학생들에게 전달해야 하는 입장이기 때문에 공부에 소홀할 틈이 없다. 벌써 8년째 같은 학교에서 학생들을 가르치고 있지만, 덕분에 아직 매너리즘에 빠질 여유가 없었다.

이렇게 학생들을 가르치고 나면, 마치 대학 교수처럼 학생들에게 강의 평가를 받는다. 학생과 학부모의 피드백을 받고, 이에 따라 교사의 성과급이 차등 지급된다. 학생들과의 수업뿐 아니라 그 외의 업무도 다양하다. 담임으로서 학생 생활 관리 및 인터넷 강의 업데이트, 공개수업 준비와 교재 개발 등이 끊임없이 계속된다. 게다가 각 교사가 한 과목만을 가르치는 방식이 아니다. 국제계열 특수목적 중고등학교의 특성상 다양한 전문교과가 개설되는데 그녀는 올해 경제, 세계문제, 국제관계의 이해, 논문지도 이렇게 네 과목을 중3부터 고3에게 가르치고 있다. 이렇게 다양한 분야를 학생들에게 수업하려면 스스로도 공부를 게을리할 수 없다.

같은 시기에 선생님이 되어 교직 생활을 하고 있는 동기들과 가끔 만나 이야기를 듣기도 하는데 일반 학교에서 교사로 일하는 친구들은 수업 시간 내내 엎드려 자고 선생님에게는 관심조차 없는 학생들 탓에 스트레스가 상당했다. 공교육은 이미 무너진 지 오래라며 뉴스에도 오르내리는 요즘, 학생들은 방과 후 개인적으로 받는 사교육에 집중하느라 학교에서는 휴식을 취하는 것이 예사다. 하지만 그녀가 가르치는 학생들은 다르다. 수업 시간이면 하나라도 더 이해하려고 눈을 반짝이는 학생들을 가르치니 요즘 공교육의 문제점을 실감하기는 어렵다.

하지만 우수한 학생들이 모여 있는 만큼 치열한 경쟁에 힘들어하고, 부모님과 갈등을 겪거나, 꿈에 대해 고민하는 학생들이 상당히 많다. 그런 학생과 상담하다 보면, 그녀는 이런 저런 고민이 많았던 자신의 과거에 꽤나 감사하게 된다고 한다. 휴학도 해보고 아르바이트도 해보고 다른 교사보다 다양한 경험을 해보았기에 학생들의 고민에 진심으로 공감하고 풍부한 이야기를 들려줄 수 있다는 것이다. 모든 것을 흡수하는 말랑말랑한 뇌를 가지고 있는 10대 청소년에게 큰 영향력을 줄 수 있는 위치에 있기 때문에 그녀는 자신에 대한 책임감이 상당하다. 아이들에게 더 큰 세상을 다양한 시각에서 보여 주고 싶은 욕심도 나날이 커지고 있다. 또한 이런 교육을 누릴 수 있는 학생이 매우 제한적이라는 것을 알고 있기 때문에 온라인 강의와 수업 자료를 제작해 외부와 공유하는 등 많은 노력을 기울이고 있다.

노력하는 교사

그녀를 특별한 선생님으로 만든 것이 대학 시절 겪었던 다양한 경험만은 아니다. 스물다섯 살에 교사가 된 그녀는 첫 3년 동안 자신이 사용할 수 있는 모든 시간을 아이들에게 쏟았다. 기숙사 생활을 하는 학교이다 보니 아침 일찍부터 밤 늦은 시간까지 학생들을 만날 수 있었고, 그렇기에 할 수 있는 최대한을 아이들에게 투자했다.

시간이 흐르자, 시간과 마음을 다 퍼부어 주어도 아깝지 않았던 첫 제자들은 학교를 떠나갔고, 새로운 아이들과 학교에 남은 그녀는 너무나도 공허했다. 사회로 나간 아이들을 그리워하던 그녀는 SNS를 통해 제자들과 끈을 이어갔다. 하지만 어느 순간, 그녀와 제자들이 서로 다른 세상에 살고 있다는 생각이 들었다. 그녀가 시골에 있는 학교에서 정체되어 있는 동안 제자들은 더 넓은 세계로 나아가 미국, 영국, 프랑스 등의 명문대에서 새로운 것을 보고, 듣고, 느끼며 성장하고 있었다. 갑자기 그녀에게 슬럼프가 찾아왔다. 모든 것이 빠르게 변화하고 있는데 자신만 멈춰 있는 기분이었다. 무언가 새로운 동기 부여가 필요했다. 고민 끝에 그녀는 어렵게 교장 선생님께 말씀 드려 대학원에 진학했다. 교사 생활을 하면서 일주일에 두 번씩 대학원에 나갔다. 새로운 환경에서 새로운 것들을 배우면 달라질 수 있을 것 같았다. 공부시키는 양으로는 한국에서 둘째 가라면 서러운 학교였지만, 대학원 생활은 기대와 달리 그리 만족스럽지 않았다. 그녀는 대학원을 졸업한 뒤 학위나 자격증을 위한 공부가 아닌 자발적인 참여와 토론으로써 질적인 성장을 도모하

는 모임을 찾기 시작했고, HBR과 토스트마스터(Toastmaster), 청년독
서모임을 발견하곤 꾸준히 참가하고 있다.

여행을 시작하다

또한 그녀는 관광이 아닌 다른 도시에서 '살아보기'라는 그녀의
막연한 꿈을 실행에 옮겼다. 서른 살이 된 겨울, 마침 교과서 집필
에 참여해 받은 인세 300만 원이 손에 있었다. 파리로 가는 비행기
티켓을 사고, 1월 한 달 동안 파리의 한 아파트를 단기 렌트해 머물
렀다. 역사가 깊은 도시였다. 미술관과 박물관을 돌아다니며 혼자
서 시간을 보내기에 정말 좋은 곳이었다. 한국의 제자리에서 채울
수 없었던 것들을 충전하고 온 느낌이었다. 보다 큰 세계에서 새로
운 것들을 직접 경험하고 더 풍부한 지식을 얻은 것이다.

어떤 날은 영화 〈아멜리에〉를 보고 즉흥적으로 영화 속에 나오는
기차역을 찾아가기도 했다. 영화 속 주인공처럼 즉석 증명 사진기
에 앉아 사진을 찍고 돌아오며 영화를 새롭게 느끼고 추억했다. 또
어떤 날은 마치 보물찾기를 하는 기분으로 거리 곳곳에 숨겨진 인베
이더 아트(인베이더 게임을 연상시키는 벽화 예술)를 찾으며 마레 지구(Le
Marais)를 신나게 돌아다니곤 했다. 그녀는 빠르게 생기를 되찾았고
한국에 돌아와 전보다 더 긍정적인 자세로 직장 생활에 임했다.

이후 그녀는 '1년에 한 달, 다른 도시에서 살아보기'를 인생의 또

다른 목표로 잡았다. 재충전하는 기회였음은 물론, 교사로서도 한 층 성장한 자신을 느꼈기 때문이다. 외국에서 잠시나마 생활하며 얻어온 것들이 그대로, 아니 어쩌면 그 이상으로 학생들에게 전달되는 것이 느껴졌다. 그 나라의 경제, 역사, 문화를 직접 느끼고 경험하였기에 더 풍부한 것을 학생들에게 이야기해줄 수 있었다.

매년 새로운 여행을 떠나다

그녀는 매년 여행을 준비하면서 한 해 한 해가 소중해졌다. 매년 찾아오는 한 달의 여행을 나머지 11개월 동안 준비한다. 여행을 떠나기 전 준비하는 그 설렘이 주는 기쁨을, 바쁜 일상의 쉼표로 활용한다. 정해진 시간 안에 최대한 많은 것을 보고 듣고 느끼고 올 수 있는 풍부한 여행이 되도록 해당 지역의 언어와 문화를 공부하는 것은 물론 가서 읽을 책과 듣고 싶은 음악의 플레이리스트까지 꼼꼼하게 정리한다.

2009년 여름에는 베이징에서 한 달 정도 머물렀는데 어느 주말, 갑자기 기차 여행을 떠나고 싶었으나 좋은 표를 구하지 못했다. 그래서 베이징에서 시안까지 열댓 시간이 걸리는 완행열차를 탔다. 서울에서 부산까지 서너 시간 기차를 타 본 것이 전부였던 그녀에게는 모든 것이 놀라운 경험이었다. 비행기로는 두 시간이면 충분한 거리지만, 기차를 타고 오랜 시간을 이동해 보니 단순히 목적지에

도착하려고 지나가는 길로서의 의미가 아니라 공간 자체의 의미를 깨달을 수 있었다. 기차 안에서 내다본 끝없는 지평선, 거대한 옥수수밭, 지나는 풍경 속의 수많은 마을들, 그리고 그 속에 존재하는 삶과 시간을 다시 한 번 생각해 보았다. 다시 돌아갈 자리와 그 자리에 대한 욕심, 집착이 아주 작고 사소하게 느껴졌다.

그동안 그녀는 베이징, 상하이, 칭다오 등 중국의 대도시만을 경험했기에 현대화된 중국이 인상에 강하게 남아 있었다. 하지만 시안은 달랐다. 중국의 민낯을 그대로 들여다본 기분이었다. 1940년대로 시간 여행을 간 듯했다. 기차역에 붐비던 수많은 사람들, 자기 몸의 두세 배가 넘는 짐을 안고 있는 사람들, 바닥 곳곳에 지친 얼굴로 앉아 있던 사람들, 그리고 그 사람들의 삶의 무게와는 상반되는 느낌을 주는 화려한 병마용의 위엄. 역사책에서만 보던 화려한 중국의 과거와 현대인의 고단함을 동시에 느낀 시안에서의 경험은 나중에 그녀의 학생들에게 고스란히 전달되었다.

계획 없는 여행

한 달의 여행을 위해 11개월을 준비하지만, 최지연 씨는 계획 없는 여행을 추구한다. 그녀의 계획은 딱 떠나기 전까지만이다. 아는 만큼 보인다는 진리를 믿는 그녀이기에 그 지역에 대해 많은 것을 보고 느끼려고 목적지의 역사와 문화를 충분히 공부하고 간다. 특히 박물관, 미술관을 가기 전에 예습은 필수다. 가이드가 해주는 설명을 듣는 것도 좋지만 건축, 미술, 역사를 공부하고 가면 더 의미 있고 더 많은 것이 보이기 때문에 감동도 크다.

그렇지만 그녀는 여행에 대한 세부 계획은 절대 세우지 않는다. 어느 요일에 무슨 일을 할지, 시간계획을 세우지 않는다는 뜻이다. 한 지역에 길게 일정을 잡고 가는 것을 좋아하기 때문에 매일 아침 그 도시에서 느지막이 일어나 오늘은 뭘 할까 고민하는 그 시간 자체를 즐긴다. 물론 정해진 기간을 잘 활용해야 많은 것을 배우며 경험하고 올 수 있다는 것도 알기에 그녀는 여행을 가기 전에 하고 싶은 일의 'TO DO List'를 만든다. 여행을 떠나기 전에도, 여행을 가서도 그녀가 가장 중요하게 생각하는 것은 바로 스스로에게 '무엇을 원하는지' '어디로 가고 싶은지' 묻는 일이다. 예를 들어 프랑스에 가기 전에는 공부해 간 불어회화 하루에 3번 이상 써보기, 3일 이상 여유 있게 루브르 박물관 관람하기, 프랑스에서 제일 맛있는 마카롱 먹어보기, 전망 좋은 카페에서 하루 종일 책 읽기 등을 구체적으로 적어 두었다. 그리고 마카롱 맛집, 전망 좋은 카페, 카페에서 하루 종일 읽고 싶은 책 리스트 등을 그때 그때 찾아둔다. 이런 세부 정보를 현지에서 알아보기에는 시간이 아깝기 때문에 한국에서 준비할 수 있는 정보를 최대한 조사하고 가려 한다. 하지만 리스트에 적은 모든 것을 꼭 다 해보겠다는 마음은 아니다. 스트레스를 받으며 미션을 완수하러 가는 여행이 아니기에 몇 가지는 남겨놓고 다음을 기약하는 것도 좋다고 생각한다.

발전하는 교사

최지연 씨의 꿈은 앞으로도 선생님이다. 하지만 그냥 선생님이 아니다. '발전하는'이란 수식어가 붙은 교사가 되고 싶다고 한다. 그녀는 '교육은 양동이를 채우는 일이 아니라 마음속에 불을 지피는 것이다'라는 예이츠의 말을 좌우명으로 삼고 교직에 임한다. 그리고 교사는 학생들에게 단순히 지식을 전달하고 머릿속에 지식을 채워주는 사람이 아니라 학생이 공부하고 싶고, 꿈을 꾸고 싶게끔 마음에 불을 지펴주는 사람이라고 믿는다.

세계 각지로 뻗어 나가 쑥쑥 성장하는 제자들을 보면 그녀 역시 언제 만나도 참 열심히 사는 선생님이고 싶고, 한 해 한 해 더 깊어지고 넓어져서 학생들에게 새로운 영감을 줄 수 있는 선생님이고 싶다. 그렇기에 그녀는 한 곳에 멈춰 서 있을 수 없다. 끊임없이 경험하고 배우고 느끼고 생각하며 스스로를 발전시켜야 한다. 그녀에게 성공이란 완료형이 아닌 현재진행형이기 때문이다.

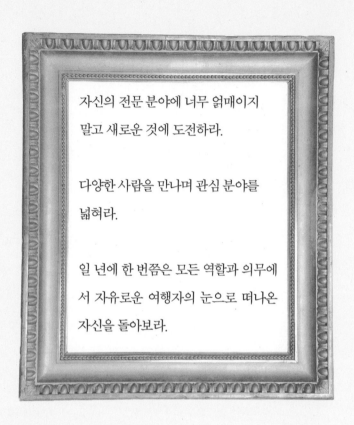

자신의 전문 분야에 너무 얽매이지 말고 새로운 것에 도전하라.

다양한 사람을 만나며 관심 분야를 넓혀라.

일 년에 한 번쯤은 모든 역할과 의무에서 자유로운 여행자의 눈으로 떠나온 자신을 돌아보라.

생명공학과
IT의 융합

　　　　　　　　　　지금 제가 하는 일을 소개할 때
쓰는 '융합 생명 과학자'라는 말에서도 느끼셨겠지만 전 '공돌이'출
신입니다. 저는 과학, 공학 분야에 대한 자부심이 있어요. 많은 공
돌이가 세상에 좋은 영향을 끼치고자 열심히 연구하고 개발해서 새
로운 기술을 만들어 냅니다. 하지만 기술이 세상에 나아가서 더 큰
가치를 전달하려면 경영이라는 학문을 알 필요가 있어요. 기술을
그저 기술 그대로 내놓으면, 일반인에게 기술의 처음 의도가 제대
로 전달되지 않습니다. 그래서 경영 공부를 하고 싶었어요. 그리고
창업을 해보고 싶다는 막연한 꿈이 있었는데, 그러려면 경영을 배
울 필요가 있기도 했고요. 그런 마음으로 HBR 모임에 나왔고, 지금
까지 그 끈을 놓지 않고 있네요. _ **최윤섭**

융합 생명 과학자 최윤섭

융합 생명 과학자라고 본인을 소개하던 최윤섭 씨를 보며 낯이 익다는 생각을 지울 수 없었다. 기억을 더듬어보니 자주 찾던 헬스케어 블로그에서 그 얼굴을 보았던 것 같았다. '최윤섭의 헬스케어 이노베이션(Healthcare Innovation)'이라는 블로그는 이미 IT업계에선 꽤나 유명세를 타고 있는데 바로 이 블로그의 주인이었던 것이다. 그는 이 블로그의 글을 다듬어 최근 책으로 출판하기도 했다. 『헬스케어 이노베이션』이라는 제목의 책은 국내에서 디지털 헬스케어 분야를 다루는 첫 번째 책이다. 이 책은 한때 예스24에서 경영경제 부분 6위, 트렌드/미래예측 부분 1위에 오를 정도의 베스트셀러다.

이런 활동을 보면서 참 부지런한 사람이구나 하고 생각했었는데 그를 직접 만나니 신기하기도 하고, 그가 살아온 길이 더욱 궁금해졌다.

하고 싶은 것 많은 아이 '하구집이'

최윤섭 씨는 어렸을 때부터 특별한 사람이 되고 싶었다. 초등학교 시절 별명이 '하구집이'이었다. 이것저것 다 하고 싶어 하는 열정이 대단한 아이였던 모양이다. 블로그에서 보던 이미지와는 달리 구수한 부산 사투리로 말을 이어가던 그는 멋쩍게 어린 시절의 자기 편을 슬쩍 들어본다. 하고 싶은 게 많다는 것이 나쁜 건 아니라며 별명도 '애살이 많다'는 의미에서 나온 것이었다고 변명 아닌 변명을 했다. '애살이 많다'는 말은 부산 사투리로 어떤 일을 적극적으로 열심히 하려는 의지가 있다는 뜻이라고 한다. 이런 그의 성격은 타고난 것도 있지만 부모님의 영향도 있었던 것 같다. 초등학교 시절 주변 친구들은 시험에서 백점을 받으면 뭔가 선물을 사달라고 부모님을 졸랐다. 그걸 보고 부러워서 친구처럼 어머니를 졸라 본 적이 있다. 그랬더니 어머니는 단호하게 "공부는 그 자체로 열심히 해야 하는 것이지 뭔가 사준다고 열심히 하고 안 사준다고 열심히 안 할 만한 성격의 것이 아니다"라고 하셨다. 초등학생에게 이런 얘기를 해주신 부모님도 예사롭지는 않다는 생각이 드는데, 그때 말을 들은 초등학생이 지금까지도 그 말을 가슴속에 새기고 있다는 것이 참 놀라웠다. 그는 지금도 가끔씩 그 이야기를 떠올리면서 일한다. 연봉을 많이 줘서, 주변에서 칭찬해주니 그게 좋아서 열심히 일하는 것이 아니라 본인이 선택한 일 자체가 좋아서 열심히 해야 한다는 점을 항상 가슴에 새기려고 노력하는 것이다.

특별한 사람, 나만의 길

이렇게 '애살이 많던' 아이는 고등학생이 되었고, 컴퓨터공학과 입학을 목표로 삼았다. 집에 컴퓨터도 없던 시절이었지만 그냥 컴퓨터를 만진다는 것이 멋있어 보여서 컴퓨터공학과에 가겠다고 했었다. 결국 그는 포항공대 컴퓨터공학과에 진학했다. 그런데 막상 입학해서 코딩이라는 것을 해보니 처음으로 '아, 이 길이 아닌가 보다' 하는 생각이 들었다. 아주 재미있지도, 그렇다고 아주 재미없지도 않은 데다가 다른 친구들보다 월등히 잘하지도, 또 현저히 떨어지지도 않은 게 본인의 실력이었다. 자라오면서 겪어보지 못했던 이 애매모호한 위치가 그에겐 꽤나 어색했다. 그럭저럭 대학생활 4년은 어떻게 버텨보겠다 싶었는데 이 일을 평생 해야 한다고 생각하니 가슴속이 답답했다. 그렇게 막막해하던 그에게, 마침 같은 방을 쓰던 룸메이트 형의 전공인 생명공학이 다가왔다. 생명공학과 IT 분야의 융합이 막 태동하고 있던 시기였던지라, 그와 같은 외부 전공자가 환영받는 분위기도 있었고 남들이 하지 않는 독특한 전공이라는 점이 마음에 들었다. 시험 삼아 생명공학과 전공 수업을 들어보았더니 재미도 있었다. 차츰차츰 전공 수업을 늘려가며 2학년부터는 본격적으로 복수 전공을 하기 시작했다. 생명공학과 수업에 들어가면 컴퓨터공학과 학생은 혼자였고, 또 컴퓨터공학과 수업에 들어가면 생명공학과 학생은 역시나 혼자였다. 그는 마치 레지스탕스나 게릴라가 된 것 같은 그때의 특별한 느낌을 지금도 잊을 수가 없다. 어렸을 때부터 다른 사람과 다른 유니크한 사람이 되고 싶었던 그는 변한 것이 없었다.

이 전공을 쭉 이어가서 그는 대학원에서 생물정보학을 전공했다. 생물학적인 주제를 컴퓨터 공학 기법을 사용해 분석하고 예측하는 학문이었기 때문에 생명공학과 컴퓨터공학을 복수전공한 그에게 딱 맞았다. 최근에 시작된 학문이라 선배의 조언이나 도움을 받기 힘들었지만 낙천적인 그는 대학원 생활이라는 것이 원래 이렇게 다 외롭고 힘든 일이겠거니 하며 쉽게 생각하고 넘겼다.

이미 두 가지 학문을 융합하며 새로운 분야를 개척해나가던 그는 거기서 멈추지 않았다. 공대생에게도 경영 지식이 필요하다는 생각에 포항공대에 개설된 기술경영대학원 수업을 듣기 시작했다. 기술적으로 최고의 제품을 만든다 해도 막상 시장에서 아무도 필요로 하지 않을 때도 있는데, 이는 경영학적인 시각이 부족하기 때문이라고 생각했던 것이다. 자신이 습득한 기술로 세상에 더 많은 가치를 주려면 경영학에 대한 기본 지식이 있어야 할 것이라 생각했다. 기업가 정신, 조직 행동론, 인사, 마케팅 등 다양한 분야의 수업을 들었는데 그곳에서도 기술경영대학원 소속이 아닌 타과 대학원생은 그 하나였다.

IT와 생명공학의 융합

이렇게 복잡하지만 확고한 방향성을 가지고 보낸 시간을 뒤로하고, 최윤섭 씨는 대기업 연구팀의 수장을 거친 뒤, 현재는 대학병원에서 대형 연구 과제를 총괄하는 역할을 하고 있다. 개인 유전체, 특히 암환자들의 유전 정보를 분석해서 맞춤형 치료를 제공하려는 연구를 지속하고 있다. 2003년도에 완성된 휴먼 게놈 프로젝트가 이 연구의 시발점이 되었다고 볼 수 있는데 그 연구가 진행되던 당시에는 한 사람의 유전 정보를 다 읽는 데 13년이 걸렸고, 총 27억 달러가 필요했다. 하지만 지금은 동일한 분석을 수행하는 데에 시간은 일주일이 채 걸리지 않고 금액은 3천 달러면 충분하다. 10여 년 사이에 엄청나게 기술이 발전한 것이다. 그는 이를 신형 페라리 자동차가 4센트에 팔리는 것과 같다고 비유했다. 만약 그런 상황이 온다면 그 누가 페라리를 마다하겠는가. 그러니 지금 수많은 기업이 유전 정보 분석 분야에 뛰어들고 있는 것이다. 특히 세계 유수의 IT 회사가 기존 IT 인프라를 활용할 수 있는 신규 먹거리를 찾던 중 유전 정보 분석이라는 새로운 분야에 관심을 보였다. 또한 생명공학 학계에서는 유전 정보를 분석하기 위한 인프라와 기술이 필요했기에 통신업계의 기술을 찾았다. 이런 시점에 생명공학과 IT를 모두 아우른 그는 모두가 원하는 인재였다.

그가 지금 하는 업무는 미래가 명확하지 않다. 전 세계적으로 선례가 없는 분야이기 때문에 모두가 처음 해보는 일이다. 대개 우리나라에서 새로운 일을 할 때에는 미국이나 유럽의 성공 사례를 뒤따라 가는 경우가 많고 선례에서 많이 배우기도 하지만 이 일은 미국이나 유럽이 많이 앞서 있지도 않다. 그래서 내딛는 한 걸음 한 걸음이 불안하고 불확실한 것이 사실이다. 그가 지금 걷고 있는 이 걸음이 성공적이었는지는 몇 년 뒤에나 결과가 나올 것이다. 이렇게 불확실한 상황 속에서도 그는 불안하지 않다고 한다. 기본적인 믿음이 있기 때문이다. 환자가 가장 필요로 하는 것을 제대로 제공해 준다면 성공은 당연히 따라 올 것이라는 믿음이다. 예를 들어 암의 원인을 명확히 판단하여 그에 맞는 치료 방법을 암환자에게 제안하는 것보다 환자에게 더 큰 가치가 있는 것이 무엇이겠는가. 이런 기본 명제에 충실하다면 성공은 자연스럽게 따라올 것이다.

그에게 성공이란

최윤섭 씨는 성공이라는 말을 자연스럽게 내뱉는 편이다. 그렇지만 물질이나 명예를 얻으려고 마냥 달리고 있는 것은 아닌 것 같았다. 그는 지금 내딛는 한 걸음 한 걸음의 과정 자체를 인생의 목표로 삼고자 한다. 흔히 말하는 성공이라는 것이 손에 잡힌다면 물론 더할 나위 없이 좋겠지만, 그런 성공이 손에 들어오지 않는다고 해서 지금 걸어가는 과정이 의미 없어지는 것은 아니기 때문이다. 그의 이런 마인드는 일뿐 아니라 취미 생활에서도 엿볼 수 있었다.

다양한 활동을 통해 얻는 에너지

산을 좋아해 히말라야와 킬리만자로를 등정했던 최윤섭 씨는 힘들었던 등반 과정을 돌이켜본다. 정말 쉽지 않은 여정이었지만 정작 정상에 올라서면 아무것도 없었다. 과연 산정상에 올라가는 그 순간이 의미 있는 것일까? 누구나 알고 있듯 등산은 산에 오르는 그 과정이 더 중요하다.

최윤섭 씨는 지난 5년간 주짓수를 수련해왔으며, 현재 퍼플 벨트를 매고 있다. 퍼플 벨트면 국제 규정에 의해 도장을 운영할 수 있다. 실제로 그는 일주일에 한 번 정도 체육관에서 사범으로서 관원들을 지도하고 있다. 그는 몸을 움직이는 것을 좋아한다. 꾸준히 주짓수 경기에도 출전하는데, 경기에 나가 메달을 따는 것이 목적이 아니다. 그 경기에 출전하려고 매일매일 도장에 나가서 땀을 흘린 그 순간을 더 소중하게 여긴다. 메달을 따지 못한다 해도 본인이 흘린 땀들은 어떤 식으로든 그에게 남을 것이기 때문이다.

생명공학이며 IT에 경영까지, 그 바쁜 와중에 그는 어떻게 주짓수를 시작한 것일까. 그도 다른 남자들과 크게 다르지 않게 어린 시절 이소룡을 보며 '강한 남자'가 되겠다는 꿈을 꾸었다. 중고등학교 시절엔 공부하느라 바빠서 그 꿈을 이룰 기회가 없었고, 막상 어느 정도 여유가 생긴 대학 시절에는 학교 근처에 체육관이 없었다. 그래서 대학원을 졸업하고 서울에 오면서 가장 먼저 찾아본 곳이 바로 체육관이었다. 어느 격투기, 무술이든 상관없었다. 그저 가장 가까운 위치에 있는 곳을 가려고 했다. 대학교 시절 읽었던 책에서 최배달이 하던 얘기가 생각났다. 가라데의 전설인 아버지를 두고도 킥복싱 선수가 된 아들이 있었다. 아버지가 '왜 너는 킥복싱을 하느냐'

고 물었다. 그랬더니 아들이, 아버지가 제일 좋은 운동은 가까운 체육관에서 하는 운동이라고 얘기하셔서 가까운 곳에서 킥복싱을 배워 킥복싱 선수가 되었다고 했다. 그 말이 기억에 남아 그도 그냥 가장 가까운 곳에 있는 체육관에 나가야겠다고 생각했고 결국 주짓수를 배우게 된 것이다.

그는 신이 나서 주짓수의 매력에 대해 말해준다. 주짓수는 이미 여러 대회를 통해 입증된 운동이다. UFC 이종 격투기 대회의 1~2회 우승자가 모두 주짓수 선수였다. 그는 복싱도 해보았고 지금도 가끔 하고 있지만 때리고 맞는 것은 싫어 한다. 때리면 미안하고 맞는 건 그냥 싫다는 것. 하지만 주짓수는 때리지 않는다. 상대를 파괴하지 않고, 상대방을 제압할 수 있는 운동이다. 주짓수 자체가 대회에서 입증된 운동이라 그런지, 대회를 강조하는 분위기가 있다. 그가 다니는 체육관 관장이 늘 하던 말이 '대회에 나가서 스스로를 증명하라'는 것이었다.

사실 시합에 나가는 건 죽을 것같이 힘든 일이라고 한다. 힘들다는 내색을 웬만해서는 하지 않을 것 같은 그의 입에서 나온 말이라 상당히 의외였다. 가끔 본인의 경기를 동영상으로 찍은 것을 시합이 끝나고 보는데, 기억도 나지 않는 장면이 많을 정도로 힘들다고 한다. 너무 힘들어서 무슨 생각으로 경기했는지 기억이 나지 않는 것이다.

마치 본업으로 운동을 하는 프로 선수인 양 빠져들어 운동 이야기를 하는 그를 보니 열정이 어마어마하다는 느낌이 들었다. 지금 껏 들어본 이야기에 따르면 그는 맡은 팀에 대한 책임감, 새로운 길을 개척해나가는 선도자로서의 부담감 그리고 그에 따른 업무량이 상당한 것 같았다. 다른 사람 입장에서는 그저 취미 생활에 불과한 주짓수에 왜 저런 열정과 시간을 쏟는 것일까? 취미 활동을 열심히 하다가 에너지를 다 소진하는 바람에 오히려 업무에 열중하기 힘든 것은 아닌가 싶어 주제넘은 걱정의 말을 던져 보았다.

하지만 이내 돌아오는 대답은 역시나 지극히 최윤섭 씨다웠다. 자기는 취미 활동에서 에너지를 더 얻어가는 타입이라는 것이다.

받은 것을 나누어 주는 자세

주짓수뿐 아니라 사람을 만나고 그들과의 관계 속에서 새로운 에너지와 자극을 얻어간다는 그는 후배들을 위한 조언도 아끼지 않는다. 고등학생 또는 대학교 신입생을 대상으로 커리어 잡기 노하우, 대학 생활을 잘하는 방법 등 다양한 주제로 특강을 하며 전국을 돌아다닌다. 모교인 포항공대에서 개최하는 고등학생 대상 캠프에 초청받아 강연한 일이 계기가 되어 매년 포항공대 캠프뿐 아니라 그를 불러주는 여러 행사에 참여한다. 처음에는 책임감에 시작한 일이었다. 큰 성공까지는 아니지만 운이 좋게 많은 일들이 잘 풀려 지금의 자리에 꽤나 빠르게 도달할 수 있었고, 그중 많은 부분을 모교에서 얻은 행운이라고 겸손하게 말하는 그에게 포항공대는 상당히 큰 의미가 있다. 어떤 방식으로건 학교에 돌려주고 싶다는 생각이 마음속 한 편에 항상 남아 있었던 그에게 마침 강연 제의가 들어온 것이다.

그는 포항공대에서 꽤 오랜 시간을 보냈고, 졸업한 뒤 박사후 과정을 하며 해외 유수의 대학도 다니며 생활해 보았다. 한국에 돌아와서는 서울대 의대에서 잠시 연구 교수를 했고 지금은 대기업에서 직장 생활을 하고 있다. 짧은 시간 동안 다양한 경험을 해본 것은 물론이고 많은 고등학생이 궁금해하는 곳들을 대부분 거쳐왔다는 특이한 커리어가 있는 것이다. 그런 그가 각 학교와 회사의 장단점을 비교해서 학생들에게 들려주며 모교를 홍보한다면, 꽤나 설득력 있는 이야기가 될 것 같았다. 이렇게 강연을 통해 좋은 학생들을 유치해서 학교 발전에 도움이 되고 싶다는 게 그의 마음이었다.

그렇게 몇 년 시간이 지나고, 학생들에게 연락이 오기 시작했다. 강연을 듣고 열심히 공부해 포항공대에 입학했다는 감사 인사와 함께 앞으로는 선배님이라고 부르겠다는 당찬 이야기를 들었다. 참 뿌듯한 연락이었을 텐데 그는 덜컥 겁이 나기 시작했다. 그들의 선택에 대한 책임을 져야 하지 않을까? 학생들을 유치하려고 학교에 관해 좋은 얘기만 해준 것이 아닌가 하는 죄책감도 들었다고 한다. 그들을 위해 무엇을 해줄 수 있을까 다시 한 번 고민하던 그는 이번에는 대학 생활에 대한 강연을 준비했다. 어떻게 하면 대학 생활을 알차게 할 수 있고, 본인에게 맞는 커리어를 준비할 수 있을 것인가가 주제였다.

대학원생들 사이에서는 꽤나 유명한, 슬라이드 셰어(프레젠테이션 자료를 공유하는 사이트)의 '내가 대학원에 들어왔을 때 알았더라면 좋았을 연구 노하우' 슬라이드도 그가 올린 것이다. 연구실의 첫 졸업생이었던 그는 포항에 남은 후배들을 위해 그 슬라이드를 작성했다. 우연히 슬라이드 셰어에 올린 그 발표자료가, 이제는 40만 뷰가 넘는 조회수를 기록하고 있다. 기회가 되면 그는 이 내용을 책으로 써보고 싶다고도 했다.

나는 또다시 궁금했다. 바쁜 일상을 보내며, 주말에 포항까지 가서 강연을 하고 온다는 것이 체력적으로, 정신적으로 과연 버텨낼 만할 것인가. 그는 다시 한 번 본인의 '하구집이' 체질에 맞는 일이라고 답하며 이야기를 이어간다.

최윤섭 씨도 본인이 소심하고 소극적인 스타일이라고 생각하던 시절이 있었다. 그런데 우연히 대학 시절, 갑자기 결성된 밴드에 합류해서 보컬로 무대에 올라가게 되었다. 도저히 엄두가 나지 않아 피하려던 그에게 친구는 "무대에 올라가서 어떻게 공연할지는 해보기 전까지는 아무도 모른다"며 "평소 잘하다가도 무대에만 올라가면 얼어붙는 사람이 있는가 하면, 평소에는 그저 그렇던 친구가 무대에 올라가기만 하면 펄펄 날아오르기도 한다"고 조언했다. 또 "올라가기 전까지는 아무도 모르는 일이니 한번 시도해 봐라"라고 용기를 주었다. 반신반의하며 무대에 오른 그는 후자에 속했던가 보다. 관객들의 얼굴 하나하나가 다 눈에 들어오고, 자신에게 보내는 기대와 열기가 느껴졌다. '그래, 내가 한번 제대로 보여주마'하는 마음이 덜컥 솟아올랐다. 그 이후로는 축제 사회까지 도맡았고 이런 시도들이 강의로도 이어졌다. 지금도 마이크를 잡을 때마다 자신에게 귀 기울여주고 집중해주는 것이 정말 좋다고 한다. 한 시간 이상 떠들고 나오면 몸은 당연히 힘들지만 거기서 느껴지는 희열에 중독되는 것 같다고 하는 그는, 강연을 통해 청중에게 에너지를 주기도 하지만, 그 자신도 큰 에너지를 받는 듯했다.

인생의 롤모델

이렇게 멘티들을 챙기는 그에게도 인생의 롤모델이 있다. 그와 비슷하게 헬스케어 쪽과 IT를 결합해 새로운 분야를 개척하고 있는 정지훈 교수다. 정지훈 교수도 강연에서 자신의 멘토에 대한 이야기를 한 적이 있다. 정지훈 교수의 멘토는 이렇게 말했다. "자신만의 길을 택해도 스스로를 남과 비교하지 않으면 입에 거미줄 칠 일은 없다. 내가 무슨 차를 타고 어떤 집에 사는지를 남과 비교하지 말고, 그냥 내 만족을 위해 살면, 남들과 다른 길을 가도 먹고 사는데 지장이 없다." 정지훈 교수는 이 말을 듣고 커리어 설정에 대한 불안함을 많이 씻어 버렸다고 했다. 최윤섭 씨 역시 이 이야기에서 많은 도움을 받았다. 특이한 길을 가려면 항상 위험이 따르기 마련이지만, 자신의 선택이 적어도 스스로에게 만족스러운 것인가를 먼저 생각해 보면 흔들리지 않을 수 있다는 것이다.

순수한 열정 하나로 달려온 길

그의 주변에는 소위 성공한 의사나 약사가 많다. 경제적으로도 풍족하고 사회적인 시선으로 볼 때에도 명예와 존경을 받는 직종이다. 최윤섭 씨가 조금만 커리어를 돌렸어도 그런 직종을 택할 수 있었을 텐데 흔들리지 않고 본인의 업을 유지하는 이유는 무엇일까. 그는 사명감과 열정을 그 비결로 꼽는다. 새로운 길을 개척하는 재미, 그 일을 통해 많은 사람들을 다른 방식으로 돕고 싶다는 사명감, 그런 사명에서 자연스럽게 뿜어 나오는 열정. 이 마음이 항상 가슴속에 있기에 흔들리지 않고 자신만의 길을 개척해 나갈 수 있다는 것이다.

자신이 가진 기술로써 질병으로 고생하고 있는 사람을 돕고 싶다는 순수한 열정을 쏟아내는 그는 아무래도 본인에게 가장 잘 맞는 업을 택한 듯하다. 사람들과 함께하며 에너지를 얻고, 사람들을 도와주는 일에 책임감까지 느끼는 그를 지켜본 바로는, 그는 '자연스럽게' 사람을 돕는 업을 택할 수밖에 없지 않나 싶다.

본인이 가진 능력을 업무뿐 아니라 취미활동에까지 쏟아붓고, 또 그곳에서 새로운 에너지를 채워와 다시 업무에 임하는 그의 일상은 그야말로 이상적인 삶의 자세가 아닐까 하고 생각해본다. 인터뷰가 끝날 즈음엔 몇 년 후 자신의 업을 주류 학문의 반열에 올려놓고 승승장구 하고 있을 그를 자연스럽게 그려보게 되었다.

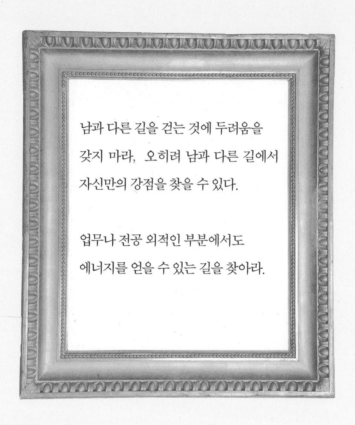

남과 다른 길을 걷는 것에 두려움을
갖지 마라, 오히려 남과 다른 길에서
자신만의 강점을 찾을 수 있다.

업무나 전공 외적인 부분에서도
에너지를 얻을 수 있는 길을 찾아라.

사람 간의 관계에
집중하는 사업가

사실 전 HBR 모임에 2003년 부터 나오기 시작했습니다. 지금까지 모임에 나오는 사람 중에 최 장수 멤버라고 볼 수 있죠. 제 개인 사업을 스물여덟 살부터 시작 했는데, 기초가 부족했던 탓인지 지속적으로 공부하는 자세가 사업 이 성공하는 데 정말 중요하다는 것을 사업 초창기에 절실히 느꼈 습니다. 그때 만난 책이 바로 〈하버드 비즈니스 리뷰(Harvard Business Review)〉라는 잡지였습니다. 당시에는 혼자 읽었는데 아티클 내용 을 좀 더 이해하려고 인터넷 검색을 하다가 이 모임을 알았죠. 그때 부터 지금까지 10년이 넘게 주말마다 모임에 나오고 있습니다. 주 말마다 가까운 곳에 MBA를 하러 간다는 생각으로 말이죠. 제 사업 영역에 잘 맞거나 나누고 싶은 아티클은 직원들과 함께 다시 읽고 토론도 하며 모임에서 얻어가는 내용들을 적극적으로 활용하곤 합 니다. _ 안유석

젊은 CEO 안유석

처음 안유석 씨를 만났을 때 나이를 듣고 깜짝 놀랐던 기억이 생생하다. 나이에 비해 무척이나 젊고 활기가 넘치는 그는 현재 다양한 분야의 회사를 경영하고 있는 젊은 CEO다. 언젠가는 내 사업을 시작하고 싶다는 꿈을 키워온 나는 안유석 씨가 살아온 이야기가 참 궁금했다. 스물여덟 살에 사업을 시작했다니, 정말 이른 나이에 시작한 셈이다. 어린 나이에 개인 사업을 시작하려면 용기도 필요하겠지만 그에 걸맞은 능력 역시 중요했을 것 같은데 어떻게 지금까지 사업을 확장해왔는지 이야기를 들어보았다.

드라마를 보며 키운 사업의 꿈

안유석 씨 역시 어렸을 때부터 사업에 대한 꿈이 있었다. 중학교 시절 TV에서 〈훠어이 훠어이〉라는 드라마를 방영했었는데, 그는 그 드라마의 팬이었다. 우리나라의 고도 성장기 시절에 순식간에 재벌로 성장한 한 기업의 신화를 다룬 이야기였다. 급속도로 성장한 그 기업은 기존 재벌의 견제와 당시 정권의 눈 밖에 나는 바람에 빠르게 붕괴되었다. 꿈 많은 중학생은 극적인 이야기에 빠져들 수밖에 없었다. 사람이 세상에 태어났다면 저런 일 한 번은 해보고 죽어야지 하는 마음이 생겼다. 당시 친하게 지내던 두 명의 친구와 함께 셋은 마치 삼총사처럼 비슷한 시기에 같이 사업을 해보자며 마음을 모았다.

당시 전교 1등을 놓치지 않던 그는 자연스럽게 과학고등학교에 진학했다. 과학고등학교로 진학한 후에는 중학생 시절의 꿈이었던 사업은 어느 순간 잊고 〈과학동아〉를 즐겨 읽으며 물리학자를 꿈꾸는 학생이 되었다. 하지만 그는 그때 처음으로 좌절을 겪는다. 늘 최고인 줄만 알았었는데 자신의 성적이 형편없이 떨어지는 걸 목격했다. 늘 1등이었던 그의 성적표가 이제 항상 30등에 머물러 있었다. 아무리 노력해도 성적이 오르지 않았다. 주변 친구들은 똑똑한 머리를 지녔을 뿐 아니라 체력 또한 좋았다. 그가 새벽까지 공부하면 친구들은 밤을 새워 공부하며 더 좋은 성적을 받았다. 그는 머리도 좋지 않고 체력도 떨어지는 그저 그런 아이처럼, 자기 자신이 한심해 보이기 시작했다. 이래서 과연 물리학자가 될 수 있을까 하는 자괴감에 빠졌다. 그리고 자연스럽게 다른 길을 찾기 시작했다. 원래 꿈이었던 사업가에 대한 동경이 다시 돌아온 것이다.

대학교에 진학할 때 대부분의 친구들이 카이스트나 서울대에 진학했었는데, 안유석 씨는 솔직히 문과로 전향하고 싶었다. 하지만 그것이 여의치 않아 이공계에서 가장 경영에 근접한 학문인 산업공학을 택했다. 대학교에서 본격적으로 사업과 관련된 학문을 접하고 싶었던 것이다.

첫 걸음은 개발자로

막상 대학교에 들어가서는 공부보다 다른 것들에 관심이 가기 시작했다. 공부 외에 다른 것도 알아야 하고, 할 줄 알아야 한다는 기본 마인드가 바탕에 있었다. 당시 대학생이라면 정치며 사회 돌아가는 세상 이야기도 알아야 제대로 된 지성인이라는 인식이 일반적이었기에, 그 역시 학생 운동을 하는 동아리 활동에 적극적으로 참여했다. 그렇게 1~2학년을 보내고 나니, 단순히 혼자 생각하고 작게 실천하는 것보다는 무언가 만들어 내서 그 파급 효과를 높이는 것이 중요하겠다는 생각이 들었다. 그런 마음으로 그는 뜻이 맞는 친구들과 함께 서울대 내에 정보연대 동아리를 만들었다.

당시 막 인터넷이라는 개념이 우리나라에 들어와서, 인터넷이 무엇인지도 제대로 모르던 시기였다. 그런데 동아리에서는 이미 동아리방까지 인터넷 회선을 끌어오고 라우터를 연결해서 직접 홈페이지를 등록, 운영하고 있었다. 한국에서 파업이나 사회 운동이 일어나면 그 소식들을 홈페이지를 통해 전 세계에 알리고자 시작한 일이었다. 다들 놀랄 수밖에 없었다. 아직 사람들이 인터넷이 무엇인지도 모르는 이 시기에 이미 진보 진영에서는 인터넷을 통해 전 세계에 파업 소식을 알린다며, 이 소식이 신문에도 등장하곤 했다. 어떻게 보면 안유석 씨는 이때 이미 사업의 첫 발을 내디딘 것이 아닌가 싶다.

동아리 활동을 그만두고 싶지 않았던 그도 군대에 가야 할 때가

왔다. 동아리에 애착하던 그는 공대생의 특권이라고도 볼 수 있는 병역특례를 알아보았고 병역특례업체에서 소프트웨어 개발사로 일하기 시작했다. 그전까지는 취직이라는 것을 진지하게 고민해본 적도 없었거니와 누군가의 아래에서 일한다는 것이 그리 유쾌하게 느껴지지 않았지만, 막상 일을 시작하고 배우다 보니 생각 외로 재미가 있었다. 전 직원이 세 명에 불과한 작은 회사였지만, 오히려 그렇기에 더 많은 것을 배우고 더 많은 기회를 얻을 수 있었던 것인지도 모른다. 소프트웨어 개발에 재미를 붙인 그는 병역특례가 끝나고 졸업한 후에도 개발자로 몇 년을 더 근무했다.

닷컴붐, 그리고 사업의 시작

개발자로 꽤 인정을 받고 있던 그때쯤 닷컴붐이 일었다. 정말 어마어마한 투자금이 IT 업계에 끝없이 쏟아지던 때였다. 안유석 씨는 그동안 잠시 잊고 지냈던 사업에 대한 꿈을 다시 떠올렸다. 마침 지인이 투자회사를 설립했다는 소식을 들었고, 덕분에 조금은 쉽게 투자를 받을 수 있었다. 부모님께서 서울에서 살라고 주셨던 전세금과 투자 받은 5억 원을 합쳐 사업을 시작했다.

당시 그는 자신감이 넘쳤다. 개발자로서도 꽤나 이름이 알려진 상태였고, 개발 조직을 이끌 만한 리더십도 충분하다고 생각했다. 어떤 시스템이든 자신이 직접 개발할 수 있고, 아이템만 좋다면 잘

나갈 수 있을 것이라 판단했다. 특히 개발자들은 개발을 잘하는 사람 밑에서 일하고 싶어 하기 때문에 그와 함께 일하려는 개발자는 많을 것이라 생각했다. 본인이 개발을 잘하기 때문에 직원의 능력이 조금 떨어진다 해도 가르칠 수 있다는 자신감으로 직원을 채용하기 시작했다.

투자 받은 5억 원으로 테헤란로 핵심가에 거창하게 인테리어를 해서 사무실을 마련했다. 주변 사람들이 깜짝 놀랄 정도였다고 하니 그 규모가 짐작이 된다. 지금 생각해보면 가장 후회하는 시절인 듯 '헛바람이 들었었다'고 안유석 씨는 표현한다. 당시 5억 원이 매우 큰 돈처럼 느껴졌고 많은 것을 할 수 있을 것이라 생각했었다. 개발자를 20여 명 정도 모았는데 막상 개발 아이템은 없었다. 딱히 아이템이 없으니 용역 개발을 하기 시작하였다. 어떻게든 먹고살 정도는 되겠지, 하고 생각했지만 생각만큼 쉬운 일은 아니었다. 용역 수주 경쟁은 몹시 치열했고, 수주하러 뛰어다니는 영업도 쉽지 않았다. 사업을 너무 쉽게 생각하고 달려들었던 것이다.

처음 겪어본 실패

그렇게 1년 정도 지내고 나니 직원들 월급 주느라 자금이 싹 말라 버렸다. 당시 안유석 씨의 나이가 스물여덟 살이었다. 꿈은 있었지만 구체적인 준비도 없이 직원을 뽑았던 문제도 있었고, 영업 활동은 할 줄도 몰랐다. 버티기엔 힘든 시기였다. 1년 만에 투자금을 다 써 버리고 부채만 남았다. 어찌할 바를 몰랐다. 직원 급여가 3개월 이상 밀린 상태에서 부채만 2억 원 정도가 남았다. 뭔가 정리를 해야 할 시점이라는 판단이 섰지만, 사업을 쉽게 접을 수는 없었다. 사업은 어차피 오래 가지고 가야 할 꿈이었고, 본인의 자존심은 이미 망가졌으니 다시 정신을 바짝 차려 새롭게 시작해보자는 다짐을 했다. 다음 날, 직원들을 한 명씩 개별적으로 면담했다. 회사 사정을 솔직하게 이야기하고, 밀린 급여는 어떤 계획에 맞춰 지급할 것인지 약속도 했다. 그날 20명의 직원 중 17명이 회사를 나갔다. 그 상황에서 이야기가 좋게 풀릴 리 없었다. 나이도 어린데 사장 대접을 해줬더니 이런 식으로 일 처리를 하느냐며 별별 욕을 다 하는 사람도 있었다. 그는 그저 미안하다는 말과 함께 반드시 밀린 급여는 상환하겠다는 약속을 할 수밖에 없었다.

마음을 추스르고 남은 직원과 함께 사무실을 이전했다. 첫 번째 사무실에서 돌려받은 보증금 9천만 원이 자금의 전부였다. 넉넉하지 않은 상황이었다. 이전과 같이 용역을 받아 제작하는 것만으로는 안정적으로 사업하기 어렵다는 판단을 내린 그는 그동안 개인적으로 생각해온 새로운 아이템을 개발해 보기로 했다. 안유석 씨는 그때도 독서를 많이 하는 편이었기에 책과 여러 가지 매체에서 지속적으로 트렌드를 읽었고 패션업계에 대한 가능성을 엿보았다. 새로운 사업을 본격적으로 시작하고자 패션 산업 연구원 MD 교육과정을 3개월 동안 혼자 들으면 패션 업계 트렌드를 공부했다. 패션 업계에 IT를 도입해서 소비자 동향을 쉽게 분석하고, 이를 체계적으로 관리해 지속적으로 마케팅에 활용할 수 있는 CRM 시스템을 만들면 승산이 있을 것 같았다. 남은 직원들과 의기투합한 그는 1년간을 꼬박 매달려 패션업계 CRM 시스템을 완성했다. 제품만 만들어서 시장에 내놓으면 모두가 필요로 할 것이라 생각했지만 실상은 조금 달랐다. 업계에서 큰 관심을 보이지 않았던 것이다. 직접 발로 뛰며 업계 사람들을 만나고 제품을 홍보해야 했지만 패션 업계에 인맥이 없었던 그들에게는 업계 사람들과 미팅을 잡는 것조차 쉽지 않았다. 또 한 번의 실패를 겪게 된 것이다.

다 놓고 싶었다. 누군가에게 의지하고 싶었지만 그럴 사람이 없었다. 회사에 문제가 생기면 자신도 모르게 직원들을 의지하게 되는 것이 당연한 일이지만, 지난 실패 과정에서 직원들이 순식간에 이해관계자로 돌변하는 모습을 이미 보았기에 본인도 모르게 직원들에게 마음을 열 수 없어진 것이다. 그동안 개인적으로 외부 용역을 받아와 개발하면서 월 500만 원 이상씩을 벌었고, 이것을 다시 직원들의 급여로 주며 겨우겨우 버텨왔다. 직원들은 이런 재무 구조로는 더 이상 비전이 없다고 판단해서 하나씩 회사를 떠나기 시작했다. 결국 사업이 바닥을 친 시점에는 병역 특례로 들어온 직원 한 명만 남고 모두가 회사를 떠났다.

새로운 시작, 새로운 마음가짐

다행스럽게도 남은 병역특례 직원이 정말 똑똑하고 실력 있는 친구였다. 안유석 씨는 본인만 방향을 잘 잡으면 이 친구와 함께 뭐라도 해볼 수 있을 것 같다는 생각도 들었지만 이미 두 번의 실패를 경험했던 터라 쉽게 마음을 다잡지 못했다. 그런데 모든 것을 내려놓으니 오히려 무언가 길이 보이는 기분이 들었다. 처음 차린 회사에서 용역 개발을 주 업무로 했지만 자발적으로 시도한 아이템도 몇 개 있었다. 하지만 회사 규모가 상당했기 때문에 일정 금액 이상 수익이 나지 않을 것이라 판단한 아이템은 사업으로 발전시킬 수 없었다. 그런데 막상 직원이 한 명만 남은 시점에서는 그 아이템들로도 충분히 회사를 꾸려나갈 수 있겠다는 생각이 들었다. 그때 그의 나이가 서른 살이었다.

안유석 씨가 되살려낸 아이템은 이메일 마케팅 솔루션이었다. 초기 버전을 만들고, 500만 원에 여기저기 팔기 시작했다. 마케팅 솔루션을 팔았기 때문에 지속적으로 서비스 비용을 벌 수 있었다. 이전에는 회사 규모 때문에 그 가치를 알아보지 못했던 것뿐이었다. 덕분에 한동안 회사의 내실을 다질 수 있었다. 업계에서 솔루션의 인지도도 높아졌고, 사업이 점차 자리를 잡는다는 느낌이 들었다.

사업과 별개로, 안유석 씨에게는 또 다른 어려움들이 있었다. 살고 있던 집을 팔아 작은 월셋방으로 옮겼고, 돈도 쓸 수 없었기에 주로 방 안에 앉아 책을 읽는 것이 일상이었다. 일주일에 3~4권씩은 책을 읽었던 것 같다. 당시 그의 자신감은 바닥까지 떨어졌다. 살아오면서 실패라는 것을 몰랐다. 어디에 가든 무엇을 하든 남들보다 잘할 수 있었고 학생회장이며 과회장이며 여기 저기에 이름을 날리고 다녔었는데 이렇게 무너진 처지를 믿을 수 없었다. 같이 서울대를 나온 친구들은 이름 있는 대기업에서 편안히 회사 생활을 하고 있는데, 아무도 자신에게는 관심조차 없는 것 같았다. 대체 나는 무얼 하고 있나, 하는 생각에 하루하루가 처참했다.

그를 좌절감에서 빼내준 건 책과 운동이었다. 책을 읽고 운동을 하며 조금씩 극복해 나갔다. 혼자 생각할 시간이 많았기 때문에 사업이나 직원들을 더 잘 이해할 수 있었고, 운동을 시작하고 살을 빼면서 건강과 함께 외적인 자신감도 되찾았다.

신규 사업의 확장

개인적으로도 사업적으로도 어느 정도 안정을 찾고 나자, 다음 성장 동력을 찾기 시작했다. 아무래도 아이템 하나만 가지고 사업을 하기에는 현금 유동성이 떨어지는 문제가 있었기 때문이다. 그동안 공부도 많이 했고 사업 경험도 쌓았기에 사업을 바라보는 시선이 넓어졌다. 회사 내부에서 아이템을 늘릴 것이 아니라, 어느 정도 안정화된 다른 회사를 합병해서 규모를 키우면 어떨까 하는 생각이 들었다. 마침 그때 유사한 솔루션 사업을 하던 회사가 있었다. 그쪽

회사와 뜻이 맞아 회사를 합병하고 여러 가지 아이템을 늘리기 시작했다. 기존 이메일 마케팅 솔루션 사업을 할 당시에는 안유석 씨가 직접 관리할 만한 수준이었지만, 회사의 규모가 커지자 전문 경영인이 필요했다. 혼자 모든 사안을 챙기기에는 역부족이었기 때문이다. 그는 외부 인사를 고용하여 사장으로 앉혔다. 중요한 사안만 안유석 씨가 함께 챙기는 수준으로 회사의 구조를 바꿨다. 하지만 이렇게 책임자가 바뀌자 곳곳에서 문제가 생기기 시작했다. 미처 챙기지 못한 부분에서 문제가 발생한 것이다. 합병 후 실적도 좋지 않았고, 또 다시 일 년 만에 순식간에 회사는 흔들리고 있었다. 안유석 씨는 결국 사업에서 잠깐 손을 떼기로 하고, 동업관계였던 사장에게 사업을 모두 맡겼다. 그리고 본인은 당시 게임 회사에서 임원제의가 와 그곳으로 옮기기로 결심했다. 그쪽에서 개인적으로 돈을 벌어 회사를 회복시키는 데 일조할 생각이었던 것이다.

하지만 여기서 문제가 끝나지 않았다. 막상 게임회사로 이직해 임원직을 맡고 있었는데 동업자로부터 연락이 왔다. 더 이상 일을 계속할 수 없어 사업을 접어야 할 것 같다는 통보였다. 안유석 씨는 이미 게임 회사와 계약을 한 상황이었기에 꼼짝달싹 할 수 없는 곤란한 처지였다. 방법을 찾을 수 없었던 그는 당시 다니던 게임 회사의 사장에게 모든 정황을 이야기했다. 밑져야 본전이라는 생각으로 꺼낸 얘기였지만 놀랍게도 사장은 안유석 씨에게 사업과 회사 생활을 병행할 수 있는 기회를 주었다. 능력과 인성을 믿었기에 가능한 일이었으리라.

재미있게도 안유석 씨는 그때부터 원격으로 사업을 관리했다. 회사 업무를 하면서 동시에 사업을 관리하고, 회사에서 번 돈으로 매년 빚을 몇천만 원씩 갚았다. 그렇게 3년간 두 회사 업무를 병행하며 사업을 두 배 이상 키워냈다. 게임 회사와 계약이 종료되자 다시 본인의 사업체로 돌아왔다.

'내 자리'로 돌아오다

현재 안유석 씨는 사업의 중심인 이메일 솔루션 사업을 지속하며, 작지만 다양한 사업을 펼쳐 나가고 있다. 어렸을 때부터 책 읽는 것을 유난히 좋아하던 그는 좋은 책을 출판하고 싶은 욕심이 늘 있었기에 본격적으로 출판 사업을 시작했다. 초기에 낸 몇 권의 책은 손해를 많이 보았지만, 큰 자금을 투입하지 않고 유지하는 방법으로 사업의 안정성을 추구하고 있다. 또한 어느 정도 국민 소득과 문화 수준이 높아지면 자연스럽게 여행에 대한 수요가 많아질 것이라 판단하여 맞춤 여행을 도와주는 여행사를 만들었다. 이렇게 B2B 서비스와 B2C 서비스를 동시에 진행하며 시장의 흐름을 자연스럽게 읽어나갈 수 있게 되었다.

이제 사업 쪽으로는 제법 안정화된 모습을 보이고 있었다. 앞으로의 계획이 있는지 물어보니 그는 조금 진지한 답변을 꺼냈다. 지금은 어떤 삶을 살아갈 것인가에 대한 고민이 많은 시점이라고 한다. 그는 '고유한 개성을 가지고 역량을 최대화할 수 있는 삶, 자신의 개성을 살릴 수 있는 방향'이 지금으로서는 가장 큰 목표라고 대답했다. 사업을 하건 개인의 삶을 살건 항상 동일한 방향성을 가지고 앞으로 나아가는 것이 가장 중요하다는 의미다.

변하지 않는 삶의 자세

이렇게 삶을 진지하게 마주하는 안유석 씨는 사업 외적인 분야에서 어떻게 생활할까? 업무 외 시간에는 주로 무엇을 하는지 물어보았다. 안유석 씨는 매일 아침 테니스 수업을 받는다고 한다. 그리고 매주 영어학원에 다니기 시작한 지는 5년이 넘었다고 했다. HBR 스터디 모임도 본인의 MBA 진학 대신 선택한 길이기에 최선을 다해 나오려고 노력한다.

그는 스스로가 항상 부족하다 생각하며 채찍질을 하는 스타일이다. 매년 목표와 실행 계획을 상세히 업데이트 한다. 스스로에게 "기회가 오면 미루지 말자. 다음달에 당장 죽는다는 생각으로 프레임을 짜라"는 말을 자주 한다. 운동이며 어학, 경영 모든 것이 업무뿐 아니라 삶에 유용하게 사용될 것이라는 생각이 있기에 작은 것부터 하나하나 실천하며 역량을 키워가고 있는 것이다.

이렇게 훌륭한 역량으로 탄탄한 회사를 꾸려왔음에도, 그는 아직 충분히 성공하지 못했다고 얘기한다. 적진으로 나아가 싸우는 장군은 어떤 상황에서건 결국은 승리해야 좋은 장군이며, 선수를 이끄는 감독 역시 아무리 좋은 철학과 인품을 가지고 있다 해도 결국 승리하는 감독이 사랑 받게 마련이다. 그는 회사를 창립해서 오랜 시간 경영하며 제일 윗사람의 역할을 해보았지만, 한편으로는 사업을 시작하기 전 또는 사업이 어렵던 시절 다른 사람 아래에서 일을 하기도 했다. 그래서 위에서 봤을 때는 아무것도 아닌 일이 아랫사람 입장에서는 너무나도 크게 느껴지기도 한다는 것을 알고 있으며, 가끔 위에서는 선의로서 베푼 일이 아래에서는 싫은 일이 되는 경우가 있다는 것도 깨달았다. 한 회사의 오너로서 정말 힘든 시기에 직원에게 의지해보기도 했는데, 돈이 얽히기 시작하는 순간 그렇게 아끼던 직원이 한 순간에 이해관계자로 돌변하는 경우도 겪었다.

사람이 중심이 되는 회사를 꿈꾸며…

안유석 씨는 사람 간의 관계가 얼마나 중요한지 뼈저리게 깨달았다. 처음 사업을 하던 시절에는 자부심이 넘쳤다. 우리 직원은 특별하고, 내가 관리하는 조직은 당연히 좋은 조직일 수밖에 없다는 생각을 했었다. 하지만 시간이 흐르고 여러 입장을 경험해보고 나니, 오히려 직원은 아주 사소한 일 때문에 회사와 리더에게 불만을 품는다는 것을 알았다. 이후, 그는 항상 직원의 입장에서 고민하고자 노력한다.

그는 직장이 불행하면, 모든 인생을 불행하게 만드는 일이 시작된 것이라고 생각한다. 어떻게 하면 직원을 행복하게 해줄 것인가. 업무 외적인 행복을 더 중시하는 직원이 많다면 업무보다 충분한 휴식 및 휴일을 보장해주기도 하며, 개인적으로 중요한 시간을 놓치지 않게끔 자율 출퇴근 제도를 시행하기도 한다. 그는 이런 고민 속에서 무언가 해답을 찾으려고 하기보다 그저 하루하루 매 순간 최선을 다하기로 결심했다. 이렇게 고민하며 회사도 키워나가고 본인도 성장하는 것이 최고의 행복이다. 그것이 그가 추구하는 목표이자 가치관이다.

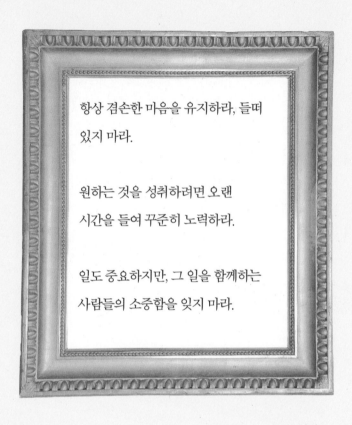

항상 겸손한 마음을 유지하라, 들떠
있지 마라.

원하는 것을 성취하려면 오랜
시간을 들여 꾸준히 노력하라.

일도 중요하지만, 그 일을 함께하는
사람들의 소중함을 잊지 마라.

하고 싶은 일과

할 수 있는 일의

조화를 꿈꾼다면...

요즘 백세 시대라는 말을 흔히 쓴다. 예측에 따르면 2025년 즈음에는 인간의 평균 수명이 120세에 달할 것으로 보고 있다. 급속도로 발전하는 의료 기술과 본인을 끔찍이 아끼는 인간의 본성이 만나 엄청난 시너지를 발휘해서 만들어낸 결과일 것이다.

생명의 존엄성과 귀중함을 생각한다면 참으로 감사한 일이겠지만, 사실 그리 썩 달가운 이야기만은 아니다. 직장인들은 3년차에 처음으로 매너리즘을 겪는다고 말하는데, 120세까지 살아야 한다면 아마도 그 매너리즘을 적어도 30번은 반복해서 겪어야 할 것이다. 사직서를 안주머니에 넣고 다닌다는 부장님의 푸념을 지금보다 60년을 더 들어야 할 것이며, 나 역시 회사를 그만두고 싶은 충동을 60년간 더 꾹꾹 눌러 담으며 하루하루를 보내야 할 것이다.

게다가 정년이 보장된다는 법도 없는데, 혹시나 매우 운이 좋아 정년까지 회사에 다닌다고 해도 퇴직 후의 삶이 아직 60년이나 남는 것이다. 다시 처음부터 삶을 시작해도 충분한 시간인데 아마 그때의 나는 몹시 지쳐 있거나 혹은 젊은이에게 많이 뒤쳐져 있을 것같다.

그렇기에 지금 평생 교육이니, 제2, 제3의 직업이니 하는 이야기를 매우 자연스럽게 들을 수 있는 것이다. 120년을 살아가는 데 필요한 지식을 4년에 불과한 대학 교육만으로는 전체를 커버할 수 없다. 지금같이 급변하는 세상에서는 작년에 배운 지식도 올해에 써먹을 수 없는 경우가 허다하다. 하물며 4년 동안 대학에서 놀아가며 배운 전공 과정이 내 남은 100년을 책임질 리 없다.

대학 시절 컴퓨터 공학을 전공한 교수님이 얼마 전에 친구를 만났는데 그 친구가 그렇게 부러울 수 없었다는 얘기를 수업 중에 꺼내신 적이 있었다. 전공에 대한 자부심이 투철해서 우리에게 늘 공대생으로서 자부심을 갖고 공대생만이 할 수 있는 강점을 잘 살리라는 말씀을 자주 하던 분이었다. 대체 어떤 친구를 만났기에 그렇게 부러우셨을까 궁금했다. 교수님이 부러워하던 친구분은 바로 토목공학을 전공하는 다른 과 교수님이었다. 그 분은 상하수도 설계를 주로 하는데, 상하수도 설계에 대한 이론 대부분은 이미 고대 로마 시절에 완성되었다고 한다. 그래서 새로운 기술을 받아들이고자 촉을 세우고 계속 공부할 필요가 별로 없다고 하셨단다. 컴퓨터 공학을 전공했고 당시 관심을 한 몸에 받던 빅데이터 분석이 전문이었던 우리 교수님 입장에서는 정말 어이가 없는 이야기였을 테다. 매일매일 하루가 멀다 하고 관련 기술이 발달하고 있고, 그 기술을 새롭게 받아들이고 이용해서 더 새로운 기법을 만들어내는 것이 그 교수님의 일인데 어느 한편에서는 그 옛날의 이론을 여전히 가르치고 있으니 말이다. 물론 이 이야기는 그저 농담이었을 것이다. 많은 학문이 더 이상 새로울 것이 없어 보이지만 깊이의 측면, 혹은 그 폭의 측면에서 끊임없이 발전하고 있다. 그렇기에 학문, 기술, 업무, 그 무엇을 본인의 업으로 택했든 간에 우리는 정체된 삶을 살면서 장밋빛 미래를 그릴 수 없다.

이 장에서는 새로운 꿈을 향해 나아가는 세 사람을 만나보았다. 어떤 사람은 지금 주로 하고 있는 회사 업무를 오히려 제2의 인생을 위한 준비단계로 본다. 그리고 어떤 사람은 회사 생활의 무료함을 달래려고 취미로 시작한 일에 깊게 관심을 가져 언젠가는 그것을 새로운 직업으로 삼아 보는 것이 어떨까 하고 생각한다.

삶이 향하는 방향성을 조금 일찍 깨닫고, 그 방향 안에서 차근차근 미래를 준비해 나가고 있는 세 사람의 이야기를 들어본다면 아마도 다들 부러움과 함께 조급증이 찾아오게 될 것이다. 인터뷰를 진행하는 나도 그런 마음이 들었으니 말이다. 이제 그들의 이야기를 들어보자.

따뜻하고
아름다운 세상을 꿈꾸는
기획자

저는 새로운 지식을 얻으려는 생각에 HBR 모임에 나오기 시작했어요. 그런데 모임에 나오면 나올수록, 제가 얻어가는 것이 단순한 지식이 아니라는 생각이 들었어요. 지식은 혼자 집에서 책을 읽어도 얻을 수 있지만, 토요일 아침 7시 반부터 부지런한 사람들이 모여 함께 이야기하는 시간에서만 얻을 수 있는 그 무언가가 있었어요. 몇 년이 지난 지금, 변화한 제 모습을 다시 한 번 돌아보면 아마도 저는 여러 사람들과 함께 이야기하고 생각을 나누며 편협했던 관점을 말랑말랑하고도 넓게 만들어 나간 것이 아니었나 합니다. 나름 여러 분야에 관심이 많아 다양한 일을 계획하곤 하는데, 이 모임을 통해 정말 제가 생각지 못했던 분야에도 흥미를 느끼고, 알아나갔던 것 같아요. 그런 점이 매력적이라서 지금까지도 모임에 나가고 있는 거겠죠. _ **김연지**

NGO를 운영하는 기획자

건설회사 기획팀에서 일하고 있는 김연지 씨는 퇴근 후와 주말에는 '아프리가를 위한 좋은학교 만들기(Good schools for Africa, GSFA)'라는 NGO 조직을 운영하고 있다. GSFA는 아프리카 아이들이 학교에 다니며 공부할 수 있도록 환경을 만들어주고, 재정적인 뒷받침을 하는 비영리 단체다. 최근 한국에서도 비영리 단체로 등록되어, 현재 아프리카 현지 3개 마을을 지원하는 스폰서로 활동하고 있다. 이 단체를 통해 혜택을 받은 학생이 총 120명에 달할 정도로 도움의 규모가 꽤 크다. 김연지 씨의 이야기를 듣고 보니 웬만한 봉사 단체만큼의 성과를 내고 있는 NGO인데 어떻게 이 일을 업무가 아닌 취미 활동처럼 시작했으며, 업무와 병행하고 있는지 궁금해졌다.

어려운 이웃에 대한 관심

사실 김연지 씨는 본인이 언제부터 개발도상국 문제에 관심이 생겼는지는 분명하게 기억하지 못했다. 하지만 개도국의 환경이나 교육 문제에 늘 관심이 있었다. 개도국에 관심이 있는 건 당연한 것이라 생각했기에 다른 사람이 김연지 씨만큼 관심이 없다는 걸 알았을 때, 오히려 매우 당황스러웠다고 했다. 초등학교 4학년 때 한비야 씨의 국제구호 활동에 감동을 받았고, 꿈을 발표하는 자리에서 월드비전에서 어려운 사람들을 돕고 싶다는 포부를 밝혔던 기억

이 있다. 이런 관심들이 모여 그녀는 자연스럽게 대학에 진학할 때
도 국제기구의 공식언어인 프랑스어를 전공하기로 결심했다. 불어
불문학과에 진학한 그녀는 경영학을 복수 전공하며 조금 더 넓은 시
각에서 저소득 층과 개도국 문제를 바라보려는 노력을 멈추지 않았
다. 특히 환경문제에 마음이 많이 끌렸다. 그녀는 대학교 2학년 때
한 학기를 휴학하고 여행하며, 호주 환경단체에서 일하기도 했고,
다음 해에는 미국 환경 보호청(US Environmental Protection Agency, EPA)
에서도 한 학기 동안 경험을 쌓았다.

기대와 달랐던 첫 출발

차근차근 커리어를 쌓은 그녀는 대학 졸업 후 환경관련 국제기구
의 국내사무소에 입사했다. 그동안의 관심사와 경험을 자연스럽게
연결할 수 있는 업무였기에 기대는 상당했다. 하지만 막상 들어가
보니 현실은 기대와 사뭇 달랐다. 한국 사무소는 실제 업무가 이루
어지는 곳과는 동떨어진 곳이라 거리감을 느낄 수밖에 없었다. 현
장의 생생한 목소리를 듣고 그들을 지원해주려던 꿈을 펼치기에는
다소 무리가 있었다. 그래서 그곳에서는 짧게 경험을 막을 내렸지
만, 각 분야 전문가와 인맥도 구축하고 UN관련 조직의 문화도 느
낄 수 있다. 무엇보다 기관에서의 경험은 기업에 대한 호기심과 지
속가능경영에 대한 관심으로 이어졌다.

보다 넓은 분야에 대한 관심

김연지 씨는 다음으로는 기업의 지속가능경영을 컨설팅하고 보고서를 발행하는 곳에 입사하였다. 그곳에서 2년간 일하면서 지속가능경영에 대한 국제 표준과 정책변화 트랜드를 기업과 함께 고민했다. 김연지 씨는 스물여덟 살에 겪은 이곳에서의 경험이 매우 소중했다고 말했다. 하지만 지속가능경영은 아직도 너무 넓게 느껴졌고, 보다 전문적인 분야를 접해보고 싶었다. 그녀는 전문 지식을 좀 더 쌓아야겠다는 생각으로 에너지 환경 정책을 전공하는 대학원에 진학했다. 개발도상국에 직접적인 도움을 줄 수 있는 분야는 에너지와 환경이었기 때문이다.

2008년, 그녀에게는 두 가지 옵션이 있었다. 하나는 워싱턴 DC였고 다른 하나는 탄자니아였다. 당시만 해도 아프리카는 미지의 대륙이어서 선뜻 선택하지 못했지만, 가지 못한 길에 대한 미련이 남았다. 석사과정을 마칠 무렵에도 아프리카로 가고 싶다는 꿈을 꾸었지만 현실의 벽에 걸렸다. 그녀는 졸업 후 에너지 정책전공을 살려 발전사업을 미래사업으로 추진하는 건설회사에 입사해, 현재는 영업기획업무를 담당하고 있다. 이공계 전공자가 아니기에 힘든 점이 많지만, 전공자들과는 다른 시각에서 새로운 측면을 볼 수 있다는 점을 스스로 장점이라 생각하고 긍정적으로 업무에 임하고 있다. 건설사의 특성상 EDCF(Economic Development Cooperation Fund) 프로젝트, ODA(Official Development Assistance) 프로젝트 등 개발도상국 개발 프로젝트에도 참여할 수 있기에 최선을 다해보려 한다. 성장하는 회사라 사원이라도 직접 해볼 수 있는 업무의 폭이 넓은 편이며 그녀에게 주어지는 권한 역시 다른 회사에 비해 큰 편이다. 건설산업은 융합적인 학문이 필요하므로 다양한 분야를 경험할 수 있다는 점과 성장하는 회사에서 좋은 분들과 함께 성장하며 미래에 대한 꿈을 꿀 수 있도록 기회를 주었다는 점에서, 직장에 감사하다고 김연지 씨는 밝혔다.

작은 인연에서 시작된 활동

대학원 시절, 아프리카에 대한 그리움을 간직한 그녀에게 기회가 찾아왔다. 그녀는 몇 년 전부터 토스트마스터라는 영어 모임에 나가고 있었다. 그 모임에서 알게 된 미국인 지인이 가나에 NGO단체를 세우는 일을 추진하고 있었다. 그는 아프리카를 위해 무엇인가를 하고 싶다는 꿈을 마음속에 항상 품고 있었고, 본격적으로 그 일을 시작하려고 20여 년간 사전 조사를 하며 제2의 인생을 준비해 왔다는 것이다. 김연지 씨는 그 일에 동참하기로 결심했다. 그가 NGO를 조직하는 초기 단계부터 김연지 씨가 함께 참여했다. 그녀는 기회는 우연히 찾아온 것이지만 항상 아프리카 대륙을 그리워하는 마음이 있었던 덕분에 기회를 잡았던 것 같다고 말했다. 약 1년여 동안 준비를 도왔고 2012년, 가나에 GSFA라는 NGO가 정식으로 등록되었다. 그리고 2013년 7월, 한국에서도 비영리 민간단체로 등록되어 정식 활동이 가능해졌다. 현재 멤버로 등록되어 있는 사람은 약 125명이며, 실제 일하는 사람은 7~15명 정도다. 한국에는 비영리 민간 단체로 등록하려면 멤버가 최소 100명이 넘어야 한다는 조건이 있었다. 처음에는 100명을 어떻게 모집할지 고민이 많았는데 막상 시작하고 보니 많은 분들이 성원해 주셔서 빠른 시간에 목적을 달성했다고 했다.

아프리카를 위한 좋은학교 만들기(GSFA, Good Schools For Africa)

GSFA는 아프리카 대륙 현지의 리더 양성을 목적으로 하며 교육과 관련된 인프라 건설, 도서관 설립, 워크샵 운영 등을 지원하고 있다. 그리고 국내 GSFA 지부는 현지 기관과 국내 기부자를 연결해주는 역할을 한다. 예를 들어 영어전문교재 기업 컴파스미디어는 GSFA를 통해 현재까지 가나와 우간다 지역에 10,000권 이상의 책을 기부했다. 이 외에도 한국사회적코칭협회, 한국교육문화진흥원, 평광교회 등의 기관과 수많은 개인 기부자들이 GSFA를 통해 아프리카에 보다 가까이 다가갈 수 있었다. 현지 파트너로서 GSFA는 가나와 우간다 그리고 이디오피아에서 열정 있는 NGO들을 찾고자 노력하고 있다. 김연지 씨는 가나 현지 협력 단체인 '제한 없는 구호단체(NO Limits Charity Organization)'가 운영하는 토요일 학교를 파트

너십의 좋은 사례로 든다. 현지 대학생 리더 리타(Rita) 씨는 어린 나이에도 불구하고 스무 명의 슬럼가 고아들에게 기초 교육을 지원하고 있다. GSFA는 이 단체의 등록과 운영을 지원하였다. 토요일 학교 대표의 최종 목표는 고아원을 운영하는 것이라고 한다. 현지 리더를 발굴하고, 그 리더가 빠르게 성장할 수 있도록 지원해 주는 것이 현지 생태계를 키우는 방법이라 생각하므로 GSFA는 이러한 협력에 주력하고 있다. 아무래도 한국인이 현지를 방문해 아이들에게 짧은 기간 동안 교육 봉사를 하는 것보다는 효과적일 것이라 생각된다. 한국에서 교사가 가면 문화도 다르고 현지에 대한 이해도 부족할뿐더러 장기적으로 사람과 사람 간의 교류를 지속해 나가기에는 무리가 있기 때문에, 뜻이 있는 현지의 젊은 리더를 지원하는 것이 바람직할 것이라는 김연지 씨의 주장에 고개가 절로 끄덕여진다.

김연지 씨는 펀드레이징 행사를 하다가, 사람들이 지구반대편 아프리카 대륙의 어린이들에게 사람들이 관심을 보이고 그들을 위해 무엇을 함께 할 수 있을까를 고민하는 것을 보면 짜릿함을 느낀다고 한다. 김연지 씨는 환경 전공자답게 나중에 기후변화와 빈곤문제를 다루어보고 싶다고 한다. 기후변화 때문에 빈곤이 늘어나는 문제는 이론적으로는 많이 접했지만, 공감을 이끌어 내기가 어려웠다. 하지만 김연지 씨는 지난 여름 GSFA가 후원하는 아프리카 가나의 '보섬츄이'라는 작은 마을을 방문했을 때 이 현장을 목도했다. 호숫가에 위치한 아름다운 이 마을은 기후변화 때문에 그동안 고소득을 안겨주던 작물인 양파를 재배하기 어려워졌다. 기후변화에 대응할 농업법이 없었던 농부들은 화학비료를 더 많이 사용했고 채산성은 낮아졌다. 농부들은 대신 카카오 생산에 주력했다. 상대적으로 카카오 채집에 용이한 작은 체구의 어린이들이 노동에 투입됐다. 결국 기후변화는 아동 노동과 빈곤 문제로 이어지고 있었다. 김연지 씨는 아동의 학습권리를 확보하기 위해 현지에 기후 변화에 맞는 농법을 전파하고 빠르게 저탄소 사회로 전환하는 기후변화적응 프로젝트를 진행하고 싶다고 밝혔다. 이렇듯 저개발국에는 각기 다른 문제가 연결되어 있고 끊임없이 다른 도전 과제가 주어지기에 활동을 멈추기 어렵다고 한다.

좌절을 느낀 순간들

물론 이렇게 희망적인 청사진만이 그녀가 해온 일의 전부는 아니다. 좋은 마음으로 기꺼이 시작한 일이지만 그 속에 실패도 있었고 좌절도 있었다. 취미로 시작한 일이라도 사람들과 관계를 맺고 누군가의 도움을 또 다른 타인에게 전달하는 역할은 심적으로 많은 부담이 되는 게 사실이다. 김연지 씨가 대학생이던 시절 SIFE(Student In Free Enterprise)라는 이름의 글로벌 단체가 있었다(현재는 인액터스〔Enactus〕라는 이름으로 변경). SIFE는 소외된 사람들이 경제적으로 자립할 수 있게 도와주는 사명을 띤 단체였다. 낙후된 지역 농촌에 양 봉사업을 지원해서 현지인들이 자발적으로 수익을 내도록 해주는 등 단체에서 진행하는 프로젝트를 오리엔테이션에서 듣는 순간 김연지 씨는 매료되어 학교에 이 단체를 들여왔다. 설립 후에 그녀도 학교에서 유사한 프로젝트를 진행했는데, 그중 기억에 남는 사건이 있었다. 자폐증세가 있는 사람들이 모여 있는 복지관에서 한지 공예를 가르치고, 그들이 만든 작품을 판매하여 수익을 올리는 프로젝트를 진행할 때였다. 복지관 선생님과 복지관 학생의 학부모를 만나 프로젝트에 대해 이야기하고 시행하는 데만도 한참의 시간이 걸렸다. 모두의 동의를 받아낸 끝에 한지 공예 교육을 6개월 정도 진행했다. 하지만 결과는 그리 좋지 않았다. 기대에 비해 상품성이 낮은 작품만 나와 외부에 판매하기에는 무리였던 것이다. 김연지 씨는 실패했다는 좌절감도 있었지만 무엇보다 사람들의 기대를 저버린 것이 아닌가 하는 죄책감에 오래 힘들었다고 한다. 좋은 뜻을 품고 사람들을 설득해 무엇인가를 이루려 해보았지만, 오히려 실망만 안겨주었다는 생각이 그녀를 슬프게 만들었던 것이다.

또한 외부적 요인 탓에 일이 잘 풀리지 않은 적도 있다. 2011년 GSFA에서 기부금 모금 캠페인을 진행했을 때의 이야기다. 대학생들이 직접 아이디어를 내서 약 2주간 기금활동을 하고, 그 후원금을 가나로 보내는 이벤트였다. 우수한 결과를 낸 팀에게는 인턴십을 제공하기로 했다. 당시 GSFA를 후원해주는 회사들로부터 인턴십 기회를 지원해줄 수 있다는 약속을 받았기에 그 규모에 맞춰 이벤트를 진행해서 결과를 발표했다. 그런데 이벤트가 진행되는 과정에서 후원사 사정이 어려워졌고, 인턴십 인원이 줄어들었다. 초기 공지만 보고 지원한 대학생들이 실망할지도 모른다는 사실이 당황스럽고 미안했던 그녀는 결국 지인을 통해 새로운 인턴십 자리를 만들었고 처음 기획과는 달리 상당히 늦은 시점이었지만 대학생들에게 인턴십 기회를 제공할 수 있었다. 결과적으로는 김연지 씨의 노력으로 이벤트가 잘 마무리된 것이지만 약속을 제대로 지키지 못했다는 점이 학생들에게 무척 미안했다고 한다. 처음에 김연지 씨에게 일을 하며 힘들었던 경험에 대한 질문을 던졌는데 김연지 씨는 체력적으로 힘들었다거나 역량이 부족하여 힘들었다는 이야기보다 다른 사람을 실망시킨 게 미안했다는 이야기들로 답했다. 태어날 때부터 다른 사람을 도와주고 싶어 하는 유전자를 몸 속에 탑재한 것이 아닐까 싶을 정도였다. 물론 그녀 스스로도 본인이 가장 즐겁게 할 수 있는 일이라는 것을 잘 알기에 굳이 바쁜 직장 생활을 하면서도 시간을 쪼개 이 일을 시작했으리라.

또 다른 직업, 게스트하우스 호스트

그렇다면 이렇게 거의 업무와 대등한 취미생활 외에, 정말 쉬는 시간에는 무엇을 하며 시간을 보내는지 궁금해졌다. 누가 들어도 취미생활이라고 느낄 만한 평범한 취미 활동은 없느냐고 그녀에게 물어보았다. 사실 NGO 활동을 시작한 이후로는 쉬는 시간이 거의 없을 정도로 바쁘게 지냈다는 김연지 씨는 웃으며 최근에 에어비앤비(Air BnB)도 시작하였다는 이야기를 꺼낸다. 취미 활동이 궁금해서 물어본 질문에 또 하나의 커다란 이야기로 답하니 질문한 사람이 되려 당혹스러울 정도였다. 마음속에 막연하게 게스트하우스에 대한 환상이 있었는데 작은 공간이나마 취미 삼아 환상을 실현해 보았으니 만족스럽다고 한다. 또한 게스트하우스를 운영하며 무엇보다 마음에 드는 점은 다양한 분야의 새로운 사람들을 만날 수 있는 기회라는 것이다. 항상 새로운 것을 배우고 싶어 하는 그녀의 성격에 딱 맞았다. 서울로 오는 행복한 여행자들을 만나고 그들의 여행 이야기를 들을 수 있으니 이보다 더 좋은것이 있을까. 사람들을 만나고, 타인을 돕는 기회를 기꺼이 즐기며, 그 과정에서 에너지를 얻는 스타일이기에 에어비앤비 활동 역시 그녀에게는 또 다른 취미였던 것이다.

아름다운 기억이 8할이지만 그래도 어려움도 있었다. 밤 11시에 남산에서 집으로 가는 택시를 잡을 수 없다며 콜택시를 불러달라는 손님도 있었고, 낡은 집인 탓에 이른 새벽에 온수가 안 나온다고 급한 연락이 온 적이 있었다. 김연지 씨가 도대체 어떻게 이들을 응대하며 스케줄을 소화할까 궁금했다. 그녀는 웃으며 혼자 하는 일은 아무것도 없다고 답했다. 생각해보면 모두 함께 한 일이고 에어비앤비도 친한 언니와 함께 운영하기에 가능했다고 답했다. 결국은 사람이 답이었다.

지속 가능한 삶

정말 굉장한 긍정 에너지를 발산하는 그녀에게, 최종적으로 꿈꾸는 목표가 있다면 무엇인지 물었다. 그녀는 나이가 들어도 호기심 많고 누구에게나 기꺼이 도움을 주며 함께 걷는 사람이 되고 싶다고 말했다. 그리고 지금 GSFA를 통해 혜택을 받는 학생들이 아프리카에서 리더로 성장해 다음에 누군가를 돕는 역할을 해서 선의의 네트워크를 확장하기를 희망한다며 눈을 반짝였다. 그녀는 이러한 변화가 이제까지 그녀를 있게 해준 고마운 분들이 바라는 것일 거라고 말했다. 그녀는 많은 도움을 받은 사람이었다. '글로벌한미재단(GSKA, Global Society of Korea and America)' 분들의 도움으로 미국으로 갈 수 있었고, 여행할 때는 이름도 모르는 사람들의 도움을 수없이 받았고, 직장과 학교에서도 많은 선배님들의 도움을 받았다고 한다. 그리고 지구 반대편의 아프리카 어린이들을 돕고자 시작한 GSFA 활동이야 말로 여러 후원자 도움이 없었다면 불가능했던 일이라고 한다.

김연지 씨의 최종 직업은 아마도 개발도상국에서 개발업무를 주업무로 하는 것이 될 것이라고 한다. 언젠가 현지에서 제대로 지속 가능한 수익 모델을 구축해서 직접 운영하는 것이 그녀의 목표다.

그때쯤 되면 현재 건설회사에서 배우는 업무도 퍼즐같이 맞춰져 큰 도움이 될 것이라고 했다. 그녀는 에너지의 원천으로 드라마 〈미생〉에서 성공이란 무엇인가에 대해 김동식 대리가 장그래에게 해준 조언을 예로 든다. "성공이 아니라 그냥 문을 하나 연 것 같은 느낌이더라고." 그녀의 관심은 또 다른 세상의 문을 열었고 문이 열리자 또 다른 세상이 보였고 그 세상은 다음의 다른 세상을 보여주었다. 조금이나마 문을 열지 않았으면 보이지 않았을 세상이었다. 작게라도 시작하는 게 중요하다고 한다. 그리고 시작하지 않으면 문제도 해결책도 보이지 않는다. 인터뷰를 통해 느낀 것은 그녀를 나아가는 힘의 핵심인 호기심은 희망이자, 삶의 비타민이라는 것이다. 그녀는 아직 많이 서툴지만 삶에서 미련은 정말 최소화하고 싶다고 한다. 막연한 꿈을 실행으로 옮기고 그것을 더 단단하게 만들고자 노력하는 그녀를 보면, 아마도 미래에는 더 큰 세상에서 에너지를 뿜어내고 있지 않을까 하는 생각이 든다.

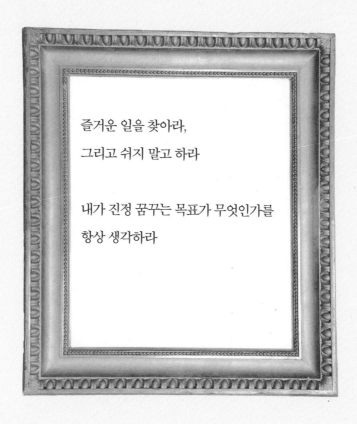

즐거운 일을 찾아라,
그리고 쉬지 말고 하라

내가 진정 꿈꾸는 목표가 무엇인가를
항상 생각하라

마음을 움직이는
노랫말을 만드는
카피라이터

전 사실 큰 목적 없이 HBR 모
임에 나오기 시작했어요. 무언가에 푹 빠져 있어야 스트레스를 덜
받는 성격인데 회사 일이 한동안 지긋지긋하던 때가 있었거든요.
그래서 뭐라도 해야겠다 싶어 이것저것 알아보던 차에 HBR 모임을
발견해서 나오기 시작한 거죠. 그때 한창 미술학원이며, 작사며, 스
토리텔링 강좌며, 여러 가지를 배우고 시도했었죠. 그런데 그때 시
도했던 다른 것들은 다 그 내용 자체로 기억에 남아요. 그림을 그리
는 방법, 스토리텔링을 하는 방법, 이런 내용들이요. 하지만 HBR
모임은 여기서 만난 사람들, 그리고 그 사람들과 나눈 이야기들이
남아서 큰 도움이 돼요. 물론 HBR 아티클에서 얻어가는 내용도 많
지만 그 내용을 함께 토론하며 사람들에게 들은 이야기, 아이디어
들이 제 업무와 삶 모두에 긍정적인 영향을 주는 것 같습니다. _ 김송
현

카피라이터 김송현

웃는 모습이 참 편안했던 김송현 씨를 처음 스티디에서 만난 날이 기억난다. 털털하게 웃던 그녀는 카피라이터로 일하고 있다며 자기 소개를 했었다. 카피라이터라니! 어린 시절 막연하게 꿈꿨던 직업이었는데 정말 카피라이터로 일하는 사람이 내 주변에 있다니, 신기하기도 부럽기도 했다.

초등학교 4학년 때였던가, 어머니가 『직업 백과 사전』이라는 제목의 책을 건네준 적이 있었다. 어린 딸에게 세상의 여러 가지 직업을 소개해주고 싶은 마음에 준비하신 책이었으리라. 책 읽기와 시 쓰기를 참 좋아하던 나는 카피라이터라는 처음 보는 직업에 마음을 빼앗겼다. 하나의 상품이 탄생하기까지의 긴 스토리를 사람의 마음을 울리는 짧은 문장으로 만들어낸다는 점도 마음에 들었지만 어쩌면 처음 들어보는 멋있는 영어 단어였던, '카피라이터'라는 발음 그 자체가 매력적이었는지도 모르겠다. 하지만 막상 시간이 흐를수록 그 멋진 단어는 나와 어울리지 않는 듯했다. 글 솜씨도, 사람의 마음을 움직일 만한 능력도 나에겐 없었으니까. 그렇게 나도 모르게 서서히 포기해버린 어린 시절의 꿈을 실제로 이룬 사람이 내 앞에 있었다. 김송현 씨는 어떻게 카피라이터라는 직업을 마음에 품고, 이루어낸 것일까.

글쓰기를 좋아하던 아이, 국문과에 진학하다

김송현 씨도 나와 비슷하게 중고등학생 시절에 책 읽고 글 쓰는 것을 좋아하던 학생이었다. 그녀는 자연스럽게 국문과에 진학했고, 여대 생활이 지루해질 때쯤 서울 시내 대학 광고 연합동아리에 가입했다. 그저 본인이 잘할 수 있을 것 같은 일을 찾아 카피부에 들어갔던 그녀는 동아리 활동을 하며 광고의 맛을 알았다. 광고도 재미있고 사람들도 좋아서, 자주 동아리 활동에 참여하다 보니 어느새 동아리 임원을 맡고 있었다. 임원으로서 매년 열리는 전시회 준비를 도맡아 하며 광고 제작 전반을 다 경험해볼 수 있었다. 전시회 기획부터 포스터며 현수막 제작까지 발로 뛰며 고생했던 기억이 지금까지 생생하다. 충무로 제판소(인쇄용 필름을 출력하거나 샘플 인쇄 등을 하던 곳) 아저씨들과 구수하게 말 섞어가며 동아리일을 하곤 했던, 열정적이었던 그 순간들이 있었다. 그 순간들이 이어지며 그녀는 광고판에 푹 빠져 들었다.

광고일을 시작하다

동아리 활동을 하며 광고에 대한 궁금증이 생긴 그녀는 틈나는 대로 관련 수업을 찾아 듣기 시작했다. 국문과 수업 외에도 다양한 수업을 듣다 보니 어느새 그녀의 학사 기록에는 방송영상학을 부전공할 만큼의 학점이 쌓여 있었다. 이렇게 크고 작은 일들이 단단하게 엮여 그녀를 광고계로 이끌어 주었다. 5년 전 봄, 그렇게 그녀는 한 광고회사에 입사했다.

광고회사 일은 기대하던 만큼 즐거웠다. 육체적으로나 정신적으로나 힘들기로 악명 높은 광고업계였지만, 그 노력의 결과물을 길을 가다가 마주치게 될 때의 즐거움은 이루 말할 수 없었다. 단순히 한 매체의 광고만 맡은 것이 아니라 브랜드 홍보 전반을 다루다 보니 맡은 브랜드에 대한 애착도 강해졌고, 누가 봐도 감탄할 만한 결과물을 세상에 내놓고 싶은 욕심도 점차 커졌다.

까다로운 클라이언트의 입맛과 광고를 접하게 될 수많은 사람을 한 번에 만족시킬 만한 아이디어를 내는 일은 쉽지 않다. 그녀는 기억에 남는 프로젝트로 한 은행 광고를 했던 사례를 이야기해 주었다. 인천공항의 무빙워크를 따라 서 있는 벽면 매체를 활용하는 새로운 과제였다. 사람이 무빙워크를 타고 이동하면 그 위치를 센서가 인식하여 벽면에 비치는 영상이 변화하는 새로운 개념의 광고 매체였다. 매체가 이미 결정되어 있고 그 특징이 명확했기에 이를 살릴 수 있는 아이디어가 필요했다. 그녀의 팀은 몇 주간 밤을 새우며 아이디어 회의를 거듭했고, 수십 건의 아이디어를 전달했지만 클라이언트는 만족하지 못했다. 그렇게 거듭되던 회의 끝에 팀원들과 함께 괜찮은 아이디어를 떠올릴 수 있었다. 전 세계의 통화를 취급하는 은행의 특성과 인천 공항이라는 장소적 특색을 살려 각 국가의 상징물들을 벽면에 순차적으로 배치하는 것이었다. 무빙워크 벽면에 비행기 창문 영상이 정지되어 있다가, 사람이 지나가면 그 창문이 하나씩 열리며 에펠탑이며 자유의 여신상 등이 나타나는 것이다. 그리고 이 모든 것을 감상하고 무빙워크에서 내릴 즈음에는 은행 슬로건을 배치하여 다시 한 번 은행을 각인시키는 효과를 주었다. 그녀의 아이디어는 클라이언트에게 그대로 전달되었고, 성공적으로 인천공항의 한 벽면을 장식했다. 안목이 높고 까다로운 클라이언트와 작업할수록 만족시켰을 때의 성취감은 크다고 한다. 지금까지 나는 그 광고를 본 적은 없지만, 그녀의 이야기를 듣노라니 마치 그 광고를 본 듯 생생히 떠올랐다. 아마도 이런 사건이 광고업계의 사람들에게 에너지가 되고, 그들을 계속해서 뛰게 만드는 것이리라.

회사 생활에서 느낀 한계

하지만 누구나, 또 어떤 일이나 그렇듯이 모든 일이 늘 좋게 흘러가지만은 않는다. 신입사원에게 주어진 권한에는 한계가 있었고, 팀으로 작업하다 보니 본인의 의견과 달라도 어쩔 수 없이 따라가야 하는 경우가 생기곤 했다. 좋은 클라이언트와, 또 좋은 팀원과 일하게 될 때도 있지만 그렇지 않은 적도 많았다. 그러면 그녀는 대부분 본인의 의견을 굽히는 쪽이었다.

예를 들어 새로 맡은 음료 제품의 타깃 소비자가 20대 초반 대학

생임에도 광고 아이디어를 내는 사람은 중장년의 임원급인 경우가 있다. 임원의 감성과는 분명 맞지 않는 타깃일 텐데도 그분들의 고집에 의해 젊은 직원의 신선한 의견이 묻히고 임원의 의견대로 진행될 때, 좌절감을 느끼곤 했다. 또는 클라이언트 자체가 문제인 경우도 있다. 클라이언트는 제품을 기획하고 판매하는 전체 과정에 참여한다. 아무래도 본인들의 제품을 객관적인 시각으로 보기 어렵고, 그 과정에서 제품에 대한 애착이 깊어져 제품을 과다하게 노출하고 싶어 한다. 제품의 핵심만을 뽑아내 매력적으로 전달해야 하는 미디어 광고와는 맞지 않는데도 본인들이 정성스럽게 만들었다는 이유로 제품의 이 모습, 저 모습, 모든 것을 전달해달라고 욕심을 부리다가 콘셉트가 전혀 없는 모호한 광고가 탄생하는 경우도 부지기수라고 한다. 이런 경우 프로젝트의 의사 결정권을 가진, 소위 '갑'인 클라이언트를 설득하는 것은 쉽지 않은 일이며, 광고 대행사는 회사 분위기상 클라이언트를 전적으로 존중해야 하기 때문에 김송현 씨도 마음 고생을 많이 했다.

분명 이 업무의 전문가는 그들인데, 의견이 인정받지 못하고 존중받지 못한다는 생각에 자괴감에 빠지기도 했다. '과연 이 일을 내가 평생토록 잘해낼 수 있을까? 내 생각을 굽히지 않고도 유연하게 상대방을 설득하고, 내 의견을 존중 받을 수 있는 시간이 올까?'

외부에서 돌파구를 찾다

업무에 대한 고민이 늘어나며 서서히 지쳐가기 시작할 즈음, 그녀는 돌파구를 찾기 시작했다. HBR 모임에 나오기 시작한 것도 그때다. 공부도 해보고 미술학원도 다니고 기타도 배우고, 뭐든 할 게 없을까 고민하며 여기저기를 기웃거리던 중 우연히 그녀는 작사라는 길을 만났다. 직업 때문인지 음악을 들을 때도 유난히 가사에 집착하며 들었다는 그녀는 그런 본인의 특성을 친구와의 대화 중 뒤늦게 알았다. 친구와 음악 얘기를 하다 보면 멜로디보다는 가사를 먼저 기억해내고, 가사의 스토리가 얼마나 마음에 와 닿는가를 먼저 생각하며 음악을 고르고 있더라는 것이다. 이런 특성을 살려, 그리고 직업적으로 지금껏 해왔던 일에서 크게 벗어나지 않는 취미인 작사를 한번 해보면 어떨까 하는 생각을 했다.

그녀는 작사를 전문적으로 배울 수 있는 실용음악학원을 찾기 시작했다. 바쁜 업무 탓에 웬만해서는 시간을 빼기 쉽지 않은 상황이었다. 하지만 쉽게 열리지 않는 작사 클래스를 수강하려면 평일 시간이 필요했고, 그녀는 과감히 신청했다. 그 노력이 아깝지 않을 만큼, 힘들게 찾아간 작사 클래스는 그녀에게 정말 큰 즐거움을 선사했다. 실제 유명 보컬의 작사를 맡고 있는 작사가에게서 수업을 듣고, 매번 가이드 곡을 들려 주면 그 음악을 듣고 스토리를 만들어나가고, 수업을 같이 듣는 사람들끼리 모여 서로의 가사를 평가해 주었다. 처음엔 1주일에 한 번씩 두 시간 정도를 투자했지만 클래스를 듣는 사람들 모두 재미에 푹 빠지는 바람에 시작하면 세 시간이 훌쩍 지나가곤 했다. 열정적인 수강생을 본 선생님 역시 제자들에게 더 많은 기회를 주려 노력했고, 실제 유명 여자 보컬의 앨범에 수록할 곡을 수강생들에게 들려주고 가사를 써 보게도 했다. 김송현 씨 역시 업무 때문에 클래스에 참여하는 것 자체가 매번 도전이었음에도 가끔 회사일만큼이나 작사에도 열정을 쏟았다고 한다.

광고와 비슷해서 더 빠져든 작사

작사를 하면서 그녀가 느낀 점은 이 작업 역시 광고와 매우 비슷하다는 것이었다. 광고는 제품에 따라 그 느낌에 맞는 콘셉트를 잡고, 거기에 맞는 스토리를 써 내려간다. 노래는 음악을 듣고 그 느낌에 따른 콘셉트를 잡고, 스토리를 써 내려간다. 광고에 지쳐서 찾은 길이었지만 그녀는 본인이 그리 멀리 가지 않았다는 것을 알았다. 어쩌면 이런 일이 본인에게 딱 맞는 일이 아닌가 생각해보았다. 광고에서 쌓아온 커리어를 버리지 않아도 될 것 같고 그동안의 경험이 큰 자산이 될 수 있을 것 같아, 본격적으로 작사가의 길을 걸어볼까도 고민했다. 욕심이 생긴 그녀는 작사가로 데뷔하기 위해 취미 생활 이상의 노력을 쏟기 시작하였다. 공모전에도 참여하고 학원도 옮겨 보았다. 새로 옮긴 학원은 수강생을 데뷔시켜주려고 노력을 많이 기울이는 곳이었다. 곡 의뢰가 들어오면 수강생들에게 가사를 공모했고, 다시 작곡가에게 그 가사를 넘겨주는 일종의 다리 역할을 했다. 그녀는 직업 특성상 야근이 잦았는데 어떻게든 데뷔해보려는 마음에 12시쯤에 퇴근하고 피곤한 상태로 집에 돌아가서도 항상 새벽 3시까지 노래에 가사를 붙이는 생활을 몇 개월간 반복했다. 하지만 시간이 지날수록 작사가로 데뷔하려면 자신을 가로막는 꽤나 높은 벽을 넘어야 한다는 느낌을 받았다. 업 자체가 매력적인 만큼 도전하는 사람이 많았고, 아무래도 기존 음악계에 있는 사람들의 인맥을 통해 데뷔하는 사람이 많았던 것이다. 최근에는 작곡가가 직접 작사를 하거나, 노래를 부를 가수가 작사까지 도맡아 하는 경우가 많아 일반인이 새로운 작사가로 데뷔하는 것은 쉽지 않은 일이었다. 운이 좋아 공모전에 당선해 곡을 쓰게 된다 해도 지속적으로 일이 들어와서 그 직업을 유지하는 케이스는 그리 흔치 않았다.

이직의 기회

야심 차게 시작하여 열정을 쏟아부었던 일이 쉽게 풀리지 않아 고민하던 김송현 씨에게 마침 새로운 기회가 찾아왔다. 김송현 씨가 다니고 있던 회사에서 규모가 큰 광고 회사로 이직한 선배에게 연락이 온 것이다. 함께 일하던 시절 김송현 씨를 눈여겨보았던 선배가 새로운 회사에서 어느 정도 기반이 잡히자 같이 작업해보지 않겠냐고 김송현 씨에게 제안한 것이다. 업무며 외부 활동 모두에서 회의감이 들 때쯤 찾아온 반가운 소식이었다. 김송현 씨가 다니고 있던 회사는 비교적 규모가 작은 회사였기 때문에 많은 기회가 있기도 했지만, 함께 일할 수 있는 클라이언트 역시 제한적이어서 판에 박힌 듯한 느낌이 들기도 했다. 아무래도 광고 쪽 일을 하는 사람들은 특성상 항상 새로운 것을 추구하고, 도전해보고 싶어 하는 성향이 매우 강한데 그런 부분들을 충족시켜 주기에는 부족한 면이 있었던 것이다. 한 직장에서 3년을 보낸 김송현 씨의 눈에도 그런 점들이 하나하나 띄기 시작하였고, 마침 들어온 선배의 제안은 그녀에게 꼭 필요한 것이었다.

광고업계는 기본적으로 이직이 잦아 평균 근속연수가 2~3년에 불과하다고 한다. 선배의 추천으로 지원서를 내고 면접을 본 그녀는 지금의 회사에 입사했다. 모든 것이 잘 정리되는 기분이었다.

아무래도 큰 회사에 오면 본인의 역할이 줄어들지 않을까 하는 걱정도 했지만, 다행히 좋은 점이 더 많았다. 팀 단위로 업무가 이루어지기 때문에 본인의 역할은 잘 유지할 수 있었고, 새로운 시도를 할 수 있는 기회는 늘어났다. 의사 결정권이 있는 사람이 실무자들과 가까운 위치에 있어 본인의 아이디어가 클라이언트에게 직접 전달되는 횟수 역시 증가했다.

광고에 대한 열정과 현실

그녀는 앞으로도 계속 광고 일을 할까? 대학생 시절 그녀의 진짜 꿈은 크리에이티브 디렉터(Creative director, CD)였다. 광고를 총괄하여 전체 방향을 고민하고 수많은 요소를 이끌어 가는 사람을 말한다. 하지만 막상 광고업계에 들어와 실제 CD로 일하는 분들을 옆에서 지켜보며 생각이 많이 변했다. 범접할 수 없는 그들의 실력과 카리스마를 보며 내가 과연 저렇게 될 수 있을까 하는 고민도 했지만, 직책보다 인생을 살아가는 방법이 보다 중요하다는 것을 느낀 것이다. CD는 업무 강도가 세다. 그러다 보니 일과 가정을 균형 있게 돌보는 게 힘들다. CD로서 큰 성공을 거두려면 가정에 소홀할 수밖에 없다고들 이야기한다. 가정을 꾸리고 아기가 생겨도, 아기와 함께할 수 있는 시간이 거의 없다. 인생의 목표가 업무로 성공하는 것이 전부라면 모르겠지만, 그녀는 가정을 훌륭히 꾸리고 싶은 마음 또한 컸기에 두 가지를 함께 병행해 나갈 수 있을까에 대한 고민이 깊었다. 당장의 생활 패턴도 정상적인 가정 생활과는 거리가 있었다. 야근을 밥 먹듯 하는 것은 기본이고, 야근 후 새벽까지 회식을 하는 일 역시 흔하다. 부모님과 함께 살며 많은 부분을 지원받는 현재는 이 생활을 어느 정도 유지할 수 있지만 과연 새로운 가정을 꾸리고도 이렇게 살 수 있을 것인가.

처음 광고회사 면접을 보던 날, 자신 있게 '업계 최고가 되겠습니다!'라고 외쳤지만 지금은 알고 있다. 실제로 업계에 들어와서 몇 년을 버텨보면 아무도 그런 말을 할 수 없다는 것을. 육체적으로 힘든 것뿐 아니라 끊임없이 새로운 아이디어를 내야 한다는 정신적 압박까지 그 모든 것을 견뎌내며 위로 올라가는 것은 쉬운 일이 아니다. 게다가 그 높은 자리까지 올라간다 해도, 광고인의 생명은 너무나도 짧다.

고민을 뒤로한 채 남은 꿈

이런 고민에도 불구하고 다시 광고일로 돌아온 그녀는 아직까지 꿈을 꾸고 있다. 새로운 회사로부터 적극적인 지원을 받으며 해외 광고제에서 상도 받아보고 싶고, 클라이언트 눈치 안 보고 자신의 좋은 아이디어로 정말 만족스러운 결과물을 내고 싶은 욕심도 있다. 이런 꿈들이 있기에 그녀는 아직까지 버틸 만하다고 말한다. 조금 시간이 지나 다시 방황이 시작되면 아마도 그녀는 다시 작사와 같은 무언가를 찾아낼 것 같다. 본인의 업무와 그리 멀지 않은 곳에 있는 취미활동을 찾아서 아마도 무한한 에너지를 충전하고는 다시 본인의 일상으로 돌아오리라. 아직은 어려서 가능성이 무한한 그녀에게 이런 말을 해도 될지 모르겠지만 아무래도 광고는 그녀의 천직이 아닌가 싶다.

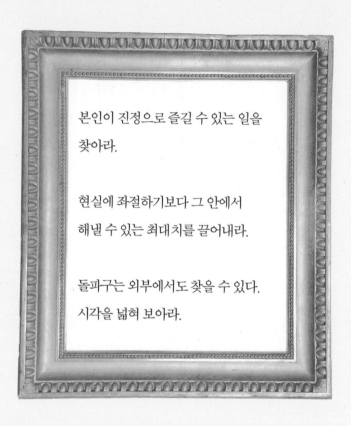

본인이 진정으로 즐길 수 있는 일을
찾아라.

현실에 좌절하기보다 그 안에서
해낼 수 있는 최대치를 끌어내라.

돌파구는 외부에서도 찾을 수 있다.
시각을 넓혀 보아라.

테마파크를 뛰어넘어
더 큰 세상을 기획하는
마케터

저는 지금 회사원이에요. 회사를 다니면서 사실 한계를 많이 느낍니다. 실무 경험은 쌓여가지만 바쁘게 업무에만 열중하다 보면 그 배경이 되는 탄탄한 이론적 지식과는 점점 멀어지게 되더라고요. 대학 시절부터 마케팅이란 분야를 참 좋아했고, 학술적으로도 좀 더 깊이 들어가보고 싶다는 생각은 많았는데 막상 회사에서 마케팅을 하다 보니 제가 생각했던 길과는 멀어지고 있다는 걸 깨달았어요. 그래서 HBR 모임에 나오기 시작했죠. 모임에 나오면서 처음에 기대했던 학술적 이론을 많이 얻어가는 건 물론이고 시간이 지날수록 다양한 분야의 사람들을 알게 돼서 함께 교류하는 시간이 즐거워지고 있어요. 여기서 만난 사람들이 지금 제가 하고 있는 봉사 모임에도 많은 도움을 주고 계시죠. 저에게 두 번째 직업의 토대를 다져준 모임이라고 해도 과언이 아니에요. _ 배재우

아프리카 어린이를 위한 활동, 베르나르도 프로젝트

테마파크 마케팅을 맡고 있는 배재우 씨를 처음 만난 곳은 아프리카 어린이를 돕기 위한 모금 행사 장소였다. 그는 회사 구내식당 앞에 작은 책상 하나를 놓고 지나가는 사람들에게 모금 행사를 소개하고 있었다. 회사에서 주최하는 모금행사인 줄 알고 다가섰던 나에게 그는 베르나르도 프로젝트를 소개했다.

삶의 미션

배재우 씨가 봉사활동에 관심을 갖게 된 것은 대학 시절 『성공하는 사람들의 일곱 가지 습관』이라는 책을 읽고부터였다. 당시 스테디셀러였는데 주변에서 많은 사람들이 읽는 모습을 보고 큰 뜻 없이 집어 들었다. 그렇게 집어 든 책을 무려 두 달 동안이나 꼼꼼하게 읽었다. 책이 두꺼운 이유도 있었지만, 삶을 명확하게 설정할 수 있게끔 해주는 책이라 생각했기에 고민하며 읽느라 그렇게 시간이 오래 걸렸다. 책에서는 '미션'이라는 것을 만들라고 했는데 자기 삶의 목적을 설명하고 삶을 이끌 문장을 구성하라는 뜻이었다. 책에서는 미션을 정하려면 90세 노인이 되어 침대에 누워 있는 순간을 상상해 보라고도 했다. 생을 다해가는 그 시점에 지인들이 주변에 둘러앉아 있다. 이때 지인들이 나를, 내 삶을 어떻게 기억해주었으면 하는가. 이 질문을 두고 고민하고, 이것을 바탕으로 미션을 구성하라는 것이다. 배재우 씨 역시 이 질문을 두고 오랜 시간 굉장히 많은 고민을 했다. 당시 배재우 씨는 마케팅도 좋아했고, 봉사활동도 하고 싶었다. 그는 마케팅과 봉사활동이라는 두 가지 미션이 너무나도 상반되고 대치된다는 느낌을 받았다. 마케팅은 무척 상업적인 활동으로서 '돈'이 목표인 것 같았고, 봉사는 모든 욕심을 버리고 남을 위해 다 내어 놓는 자세로 보였다. 그래서 그는 두 가지 중 하나를 선택하기로 했다. 어떤 것을 선택할까 고민한 끝에 마케팅 역량을 좀 더 강화해서, 그 역량을 기반으로 봉사한다면 많은 사람에게 좀 더 큰 도움을 줄 수 있을 것이라는 결론을 내렸다. 마케터로 일하면서 개인적 역량을 계발하는 것이 그의 첫 번째 미션이 되었고, 그 역량으로써 파이를 키우고 이것을 사회에 기부한다는 것을 두 번째 미션으로 설정했다.

마케터로서의 역할

미션을 띤 마케터로서 사회에 나온 배재우 씨는 테마파크의 상품 기획 및 영업 업무를 맡았다. 그는 현재 단체 관람객을 위한 상품과 체험 학습을 기획하는 업무를 하고 있다. 배재우 씨가 일하는 테마파크는 단체 관람객이 무시할 수 없을 정도로 큰 비중을 차지하는데, 이 단체 관람객이 단순히 놀이기구만 타고 돌아가는 것이 아니라 새롭고 다양한 체험을 할 수 있도록 스토리가 있는 콘텐츠를 기획할 필요가 있었다. 회사에 입사하기 전까지는 경험하지 못했던 업무였기 때문에 일이 손에 익는 데는 조금 시간이 걸렸다. 빨리 회사에 적응하고 업무를 해내는 데 집중하다 보니 시간은 매우 빠르게 갔다. 정신을 차려보니 이미 3년차 직장인이 되어 있었다. 분명 회사에 입사하기 전에는 목적이 뚜렷했는데 자신을 돌아보니 처음의 목적을 잃고 그저 쳇바퀴 돌 듯 같은 자리를 맴돌 뿐이었다. 업무적으로는 어느 정도 익숙해졌지만 애초의 목적을 잃었다는 생각이 그에게는 매우 크게 다가왔다.

베르나르도 프로젝트의 시작

작은 것부터 시작해야겠다는 마음에 그는 모임을 만들었다. 그때 만든 모임이 바로 베르나르도 프로젝트다. 베르나르도 프로젝트의 특징은 운영비가 없다는 점이다. 우리가 알고 있는 많은 봉사단체들은 기부금을 받아 운영하는데, 기부금의 상당 부분을 조직 운영 및 마케팅 활동에 사용한다. 그가 조사한 바에 따르면 기부금 운영 방식 때문에 대형 단체에 기부하기를 꺼려하는 사람들이 은근히 많았다. 기부금의 100퍼센트가 어려운 사람에게 쓰인다면 기꺼이 기부하겠다는 사람들이 상당수를 차지했던 것이다. 그래서 운영비를 없애고 모든 금액을 현지에 전달하는 것을 목표로 하는 모임을 만들었다.

이것이 어떻게 가능할까. 베르나르도 프로젝트는 생업을 따로 가지고 있는 사람들이 모여, 각자 역량을 발휘해 그들을 필요로 하는 사람에게 어떤 도움을 줄 수 있을지 다양한 관점에서 이야기하고 해결책을 마련해 나간다. 별도의 생업이 있기 때문에, 참여하는 사람들은 개인 수익을 바라지 않으며 자발적인 참여를 한다. 운영에 필요한 자금도 참여자들이 자발적으로 마련한다.

이 모임의 또 다른 특징은 개인 역량을 최대한 활용한다는 점이다. 배재우 씨는 요즘 20~30대의 잠재력을 매우 높이 평가한다. 경제 및 문화 수준이 높아지면서 고등 교육을 받은 사람의 비율이 높아지고 있으며, 비록 취업에 대비하려는 목적이더라도 개인 역량을 높이고자 하는 노력을 이전에 비해 상당히 많이 하고 있기 때문이다. 하지만 실제 회사에서는 그들이 쌓아온 경험과 잠재력을 충분히 발휘하지 못하고 있다. 업무 대부분이 개인 재능의 일부만을 필요로 하고 있기 때문이다. 배재우 씨는 각자의 업무에서 덜 사용되는 개인 역량을 사회적으로 잘 활용할 수 있는 방안으로서 이와 같은 모임을 생각해냈다고 한다. 어떻게 보면 요즘의 공유경제 트렌드나 재능 기부 활동과 유사한 맥락이라 볼 수 있겠다.

개인의 역량을 모두와 함께 나누는 세상

그는 자신이 꿈꾸는 모습을 병따개에 비교하기도 했다. 사람들

대부분이 집에 병따개를 비치해두고 있다. 하지만 막상 그 병따개를 얼마나 사용하는지 생각해보자. 나 역시 많이 써야 일주일에 한두 번인 것 같다. 대부분 병따개는 냉장고에 붙어 있거나 서랍 한구석에 처박혀 있다. 하지만 그 병따개를 한 아파트에서 공유한다면 어떨까. 아파트 공공구역 내에 병따개를 두고 필요한 사람들이 그때그때 사용할 수 있도록 한다면 아마도 그 병따개는 몇백 배 많이 쓰일 것이다. 똑같은 병따개지만 우리 집에 있는 병따개와 아파트 공공구역에 있는 병따개는 그 가치가 다르다는 것이다. 많은 사람들에게 사용되는, 더 자주 사용되는 병따개가 훨씬 더 가치 있는 병따개다. 배재우 씨는 각 사람의 역량을 이 병따개에 비유해, 개인 역량을 본인을 위해, 혹은 본인이 소속된 회사만을 위해 사용하기보다 모든 사람에게 쓰이도록 개방한다면 개인도 발전하고 또한 거시적으로도 도움이 될 것이라 말한다.

선의를 악용하는 사람들, 그에 대한 대처

하지만 실제 공용 병따개와 같은 콘셉트가 시중에 별로 없는 이유는 무엇일까. 악용될 소지가 있기 때문에, 혹은 사람 간의 믿음이 부족하기 때문이 아닐까? 이 부분을 배재우 씨에게 물어봤다. 그도 같은 생각을 하고 있었다. 그는 카드사의 고객들 중 일명 '체리피커'라 불리는 사람의 비유를 들었다. 그들은 여러 카드사에 번갈아 가며 가입해서 카드사에서 제공하는 혜택만을 쏙쏙 빼가고 막상 카드사에 도움이 되는 소비활동은 하지 않아 '체리피커'라는 별칭을 얻었다. 케이크 위에 올린 체리만 빼 먹는다는 뜻이다. 각 카드사는 이런 고객들을 경험한 뒤부터는 정교한 혜택 모델을 만들어 나가고 있다. 사용 실적이 어느 수준 이상 도달해야 혜택을 받을 수 있는 제도도 여기서부터 출발한 것이다. 악용 사례이기는 하지만 기업은 이런 사례를 겪으면서 발전된 모델을 개발했다. 그렇기에 문제점을 우려해서 시작도 않기보다 일단 좋은 일이라는 확신이 섰다면 시작부터 하고, 차차 시행착오를 거치며 지속적으로 발전 가능한 모델로 개선해 나가는 것이 더욱 중요하다고 배재우 씨는 생각한다.

그는 이보다 더 나아간 문제도 고민해본 적이 있었다. 오히려 사업 구조를 매우 잘 알고 있는 지인이 이 사업을 악용할 우려가 높다는 문제다. 그는 이 고민에 대한 답을 간디의 이야기에서 찾았다. 간디는 1을 주었을 때 이것을 악용하는 사람이 있다면 그에게 2를 주고, 3을 주고, 계속 더 많은 것을 주라고 했다. 간디는 사람 본성을 믿고 이렇게 끊임없이 선을 행한다면 스스로 뉘우치고 돌아올 것이라는 믿음이 있었다. 법이나 규율로 사람을 다스릴 것이 아니라 사람과 사람 간의 신뢰를 기반으로 보다 감성적인 접근을 하는 것이 더 나은 경우가 있다는 것이다.

자발적 참여가 모인 프로젝트

많은 고민과 기대를 동시에 안고 시작한 베르나르도 프로젝트는 우선 배재우 씨의 주변인들이 동참했다. 사람들에게 기부를 받아 그 돈에서 운영비를 사용하지 않고 100퍼센트 전달하고 싶다는 그의 아이디어가 알려지면서 비슷한 뜻이 있는 사람들이 참여 의사를 밝혔고, 먼저 국내 봉사활동부터 같이하며 모임을 꾸렸다. 국내 봉사활동 경험이 쌓이자 풍성한 아이디어들이 나왔고, 이를 기반으로 첫 해외 봉사활동을 나섰다. 참여하는 사람들은 모두 개인 휴가와 개인 예산을 내며 자발적으로 참여했다. 첫 번째 해외 봉사는 봉사활동이라기보다는 직접 방문해 현장의 실상을 이해하고, 모아온 돈을 전달하는 것이 전부였다. 하지만 직접 현지에 다녀온 사람들은 모임에 더 열심히 참여하게 되었고, 자연스럽게 더 많은 아이디어로 다음 봉사활동을 기획했다. 그때쯤 배재우 씨도 이 모임에 확신이 들었다. 특별한 이익집단이 아니더라도, 동기부여를 하려 노력하지 않아도, 각자 관심을 갖고 참여하며, 아이디어를 적극적으로 공유하고 실행하려는 사람들이라면 자발적인 모임이 유지될 수 있겠구나 하는 확신 말이다. 덕분에 이후 이루어진 해외 봉사활동에서는 재능기부가 곁들여진 교육 프로그램까지 진행해서 보다 폭넓은 활동을 할 수 있었다.

봉사활동의 목표

이렇게 적극적인 행보를 보이고 있는 배재우 씨는 봉사활동 자체가 본인의 궁극적인 목표는 아니라고 다시 한 번 말한다. 그렇다면 그에게 봉사활동이라는 것이 대체 어떤 의미이기에 이렇게 열심히 활동하는 것인지 궁금해졌다. 어찌 보면 거창한 이 질문에 그는 씨익 웃으며 별 의미 없다는 예상치 못한 대답을 내놓았다. 주변 사람들도 자주 물어본다고 한다. 무슨 생각으로 봉사활동을 그리 열심히 하느냐고 말이다. 배재우 씨는 그저 이 봉사활동이 본인에게 작은 습관처럼 물들었으면 한다. 그는 실제 봉사를 생업으로 하는 분들을 지켜보다가, 그들에게 봉사는 일상일 뿐이지 뭔가 대단한 의미를 매번 부여하는 게 아니라는 것이 느꼈다. 그 모습을 보고 자신도 그렇게 지내다 보면 누군가를 도우려는 마음이 그저 하나의 생활이 되리라 기대하기 시작했다.

두 가지 삶의 목표

이미 대학 시절 미션을 만들며 세상에 도움이 되는 삶을 살겠다는 생각을 한 배재우 씨지만, 그 역시 세속적인 '성공'을 꿈꾸던 시절이 있었다. 마케터로 일하며 회사 생활이 익숙해지자 어느 정도 욕심이 생겼던 것이다. 대기업에서 누구나 선망할 법한 임원도 되고 싶었고, 비즈니스로도 성공하고 싶었다. 미션과 굳이 연관 짓자면 성공했을 때 더 많은 것을 어려운 사람들에게 나눠줄 수 있지 않겠느냐는 것이었다. 하지만 회사 생활을 계속할수록 오히려 그 욕심은 사라졌다. 임원이 되려면 굉장히 많은 것을 버려야 한다는 것을 깨달았기 때문이다. 마음속에 품고 있던 가치 중 일부분을 희생해야 하고, 삶의 원칙으로 삼아왔던 부분 역시 어느 정도 바꿔야만 가능할 것 같았다. 일반 사원보다 회사가 원하는 것에 더 많이 맞춰야 하는 것이 임원이다. 배재우 씨는 과연 그럴 만한 가치가 있는 일인가를 고민했다. 그 끝에 자신의 삶의 가치는 방향이 다르다는 결론을 내렸다. 미션 자체에 집중하여 지속적으로 그 마음을 품고 살아갈 수 있도록, 일과 봉사활동 간의 균형을 맞추자는 것이 지금의 목표다.

하나의 목표를 정하고 그 목표를 잊지 않고 달려온 그의 일관성 있는 삶이 신기하기도 하고 존경스럽기도 했다. 『성공하는 사람들의 일곱 가지 습관』이라는 책을 읽고 미션을 정했다고 하는데, 그 책을 읽은 사람은 무수히 많다. 그 모두가 미션을 정하고 그 미션을 향해 달려가고 있지는 않을 것이다. 목표에 대한 믿음, 그리고 그것을 실행하는 원동력, 이런 것들이 어디서 나온 것인지 궁금했다.

배재우 씨도 사실 군대에 가기 전까지는 '목표'는 있었지만 '실행'은 없었다. 군대에서 처음 '실행'이라는 것을 해보았다. 군대는 "안 된다"는 말이 통하지 않는 곳이기 때문이다. 사실 배재우 씨는 누나만 세 명 있는 집의 막내 아들로서 오냐 오냐 귀하게만 자랐었다.

그런데 군대에서 처음으로 본인보다 나이가 많거나 계급이 높은 남자에게 괴롭힘을 당해보았다. 피할 곳도 없는 곳이기에 무엇이든 해내야 했고, 난생처음 괴로운 경험을 해봤지만, 그 덕분에 그는 '실행'이라는 것의 참 맛을 알았다.

오랜 소망, 그리고 실천

그는 군대에서 제대하면 무엇을 할 것인지, 다섯 가지 꿈을 일기장에 적었다. 군대 초년병 시절 잠이 오지 않아 가볍게 끄적거려 본 짧은 글이어서 완전히 잊고 지냈었는데 취업을 준비하던 시절 우연히 그 글을 다시 보게 되었다. 그런데 정말 신기하게도 다섯 가지 꿈 모두를 이루었다는 걸 알 수 있었다. 스스로도 놀라워하던 차에 『신념의 마력』이라는 책을 읽었다. 신념을 가지고 무엇인가를 간절하게 원하면 실제로 그것을 이룰 수 있다는 요지의 책이었다. 마치 본인의 이야기 같았다. 오래 전 꿈꿔왔던 것을 글로 적고 무의식적으로나마 그것을 끊임없이 생각했기에 그 모든 것이 이루어진 것이 아닐까? 군대에 가기 전에는 허황된 꿈을 꾸면서 시간을 흘려 보냈었는데 막상 무언가를 이루어내고 나니 할 수 있다는 자신감이 생겼다. 그래서 베르나르도 프로젝트를 시작할 때도 '과연 내가 이 일을 해낼 수 있을까' 하는 걱정이나 두려움보다 실패해도 좋은 경험이 될 것 같다는 기대가 앞섰다고 한다. 이런 경험이 쌓여 지금은 말보다는 행동이 앞서는 스타일이라고 자신을 소개할 정도가 되었다.

배재우 씨의 이야기를 들으며 그의 끈기와 열정에 끊임없이 감탄했다. 많은 사람들이 직장을 다니며 마음 한편에 자신만의 꿈을 품고 있지만 그것을 실제로 해내는 사람은 그리 많지 않다. 결코 그들의 꿈이 간절하지 않아서만은 아닐 것이다. 배재우 씨가 입사하고 한동안 그래왔던 것처럼 그 꿈이 바쁜 현실 속에 묻혀 희미하게 보인다 할지라도 어느 순간 그 꿈을 다시 꺼내 본다면 누구든 그 꿈을 향해 달려갈 수 있을 것이다. 그 첫 번째 걸음을 내디딜 용기가 있다면 그 다음 걸음이 뒤따라 오게 하는 것은 그리 어렵지 않을 것이다. 배재우 씨가 여러 번 강조했듯이 그 걸음이 습관이 되는 순간, 꿈을 향한 길은 일상이 된다.

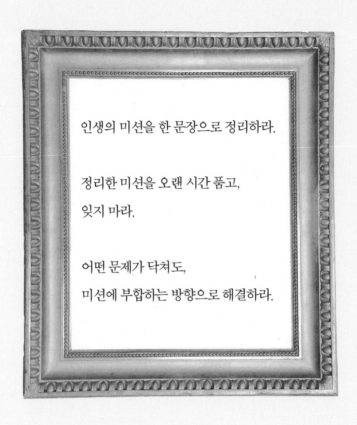

인생의 미션을 한 문장으로 정리하라.

정리한 미션을 오랜 시간 품고,
잊지 마라.

어떤 문제가 닥쳐도,
미션에 부합하는 방향으로 해결하라.

조금 늦은 듯하지만

새로운 꿈이

생겼다면...

앞에서 만나본 여섯 명의 사람들은 어떻게 보면 조금 쉬운 선택을 한 사람들이라고 볼 수도 있다. 본인이 하는 일을 조금 더 긍정적으로 확대해 나가는 방법을 선택했거나, 지금 업무를 유지하면서 그 다음의 삶을 준비하고 있는 사람들이기에 자신이 지금 하고 있는 일은 손에서 놓지 않는 선택이었다.

이번 장에서 만나 볼 사람들은 정말 새로운 길을 찾아 떠난 사람들이다. 기존에 해오던 일에 회의를 느껴서일 수도 있고, 혹은 자신이 꿈꿔오던 삶의 방향을 뒤늦게 찾아 그 궤도를 수정하고자 적극적으로 나선 경우도 있다. 무엇이 그들을 이 방향으로 이끌었는지 알 수 없지만, 이들은 손에 잡고 있던 것을 놓아 버리고, 새로운 것을 찾아 다른 길을 선택했다.

사실 동기가 무엇이었든 그런 선택을 하기란 쉽지 않다. 대부분의 사람들은 손에 쥔 것을 놓지 못한 상태에서 더 많은 것을 움켜쥐려 한다. 아가들만 보아도 양손 가득 젤리를 쥔 상태에서도 남은 젤리를 더 입에 넣어 보려고 아등바등거린다. 어쩌면 그것은 인간이 날 때부터 지닌 본성인지도 모르겠다.

하지만 나이가 들어가며 서서히 우리는 깨닫는다. 무언가를 새롭게 가지려면, 내가 가지고 있던 어느 하나는 포기해야 하는 순간이 온다는 진리를 말이다. 하지만 그 하나를 놓기 직전까지 우리는 수많은 고민에 휩싸인다. 놓을 것과 얻을 것의 가치를 비교하며 고민해 보는 것은 당연하다. 그리고 놓아야 하는 것을 얻으려고 그동안 얼마나 많은 것을 포기해왔고 투자해 왔는지에 대한 미련 또한 생겨난다. 게다가 손에 든 것을 놓는다고 새로운 것이 과연 내 손에 들어오는 것일까? 그것은 대부분 보장할 수 없을 것이다. 많은 고민거리가 생겨나면 사람은 두려워한다. 결국 많은 사람이 그냥 기존 방식으로 살 것을 선택한다.

나 역시 그런 선택을 한 적이 한두 번이 아니었다. 대학 시절 전과를 고려했던 순간부터 회사 내에서 부서 이동을 고민할 때, 이직을 고민할 때, 유학을 고민할 때, 수많은 선택의 시간들이 다가왔지만 많은 경우 원래 자리를 지키기로 결심했다. 지나고 나서는 그 선택도 나쁘지 않았다는 결론을 내리곤 하지만 어쩌면 이것 역시 자기 합리화가 아닐까 하는 의구심이 마음 한편에 자리잡고 사라지지 않는다.

유명한 일화가 있다. 어느 노인이 변호사가 되고 싶다는 마음을 친구에게 털어놓았다. "내가 사실은 변호사가 되고 싶은데, 변호사가 되려면 보통 힘든 게 아니야. 로스쿨에 입학해서 3년을 공부해야 겨우 변호사가 될 수 있더라고. 과연 내가 이 나이에 그만큼의 시간을 들여 변호사가 될 수 있을까?" 가만히 그의 얘기를 듣고 있던 친구가 의아하다는 듯이 묻는다. "그래서, 자네가 로스쿨에 안 가면 3

년 후엔 무엇이 되어 있을 건가?"

　우리가 주저하고 있는 이 순간에도 시간은 변함없이 흐른다. 우리는 불확실성이 있는 사건 앞에서는 선택을 꺼린다. 하지만 그 불확실성의 반대에는 변하지 않는 무엇인가가 존재하고, 우리가 그 불확실한 사건을 선택하지 않는다면 지금과 전혀 변하지 않은 채로 시간만 흘러가는 건 확실하다.

　매 선택의 순간에서 두려움 때문에 혹은 미련 때문에 한 발짝 뒤로 물러서는 사람들에게, 그리고 그렇게 지내왔던 나 자신에게 이 세 사람의 이야기를 전하고 싶다. 그리고 이 세 사람의 이야기가 우리 모두에게 무언가 메시지를 전해주는 계기가 되었으면 한다.

의사에서
사회적 기업가를
꿈꾸다

　　　　　　　　　　　저는 세상을 바라보는 새로운
관점을 배우려고 HBR 모임에 나오고 있습니다. 오랫동안 의학을
공부하고, 의사로 생활하며 남들과는 조금 다른 폐쇄적인 공간 속
에 오래 갇혀 있었다는 것이 저에게는 일종의 콤플렉스였어요. 물
론 그런 생활을 통해 전문가다운 식견을 키웠고 누구보다 의사로서
의 생활에 최선을 다 했기에 후회는 없습니다. 하지만 집단의 특성
상 아무래도 보수적일 수밖에 없었고, 세상과는 동떨어진 삶을 살
고 있다는 생각을 지울 수 없었어요. 그러던 중 우연히 인터넷 검색
을 하다가 HBR 모임을 알게 되었습니다. 토요일 아침 7시 30분에
모여 두 시간가량 경영 관련 이야기를 나누는 모임이라니……. 그
특이함에 궁금증이 생겨서 한번 가볍게 참여해보자고 생각하며 나
간 것이 지금까지 이어지고 있습니다. 단순히 HBR에 소개된 글을
읽으며 경영 지식을 습득하는 것뿐 아니라, 여러 회원들이 각자의

경험에 기반한 생생한 이야기를 들려주는 것이 저에게는 매우 신선하게 다가왔습니다. 그동안 제가 속한 세계에서 쉽게 접할 수 없었고, 그랬기에 미처 생각하지 못했던 이야기들이 제 전문 분야와 결합되어 새로운 영감을 주는 점이 큰 도움이 되었어요. 아무래도 지금 제 삶의 진로를 바꾸는 데에 결정적인 역할을 하지 않았나 싶습니다. _ 서영진

MBA에 들어간 의사

의사라는 직업으로 소개받은 서영진 씨는 쑥스럽게 웃으며 본인은 더 이상 의사가 아니라고 한다. 그는 의과대학을 졸업했고 의사 면허증을 가지고 있지만, 현재는 MBA 2학년생으로 지내고 있다. 의대에 들어가기까지 꽤나 힘들었을 시간들, 그리고 막상 의사 자격을 얻기까지 버텨야 했던, 더 힘들었을 시간들을 감히 짐작해 보면 그 위치를 포기하기란 쉽지 않은 일이었을 것이다. 대체 어떤 이유로 의사라는 직업을 버리고 MBA를 선택하게 된 것인지. 뭔가 긴 이야기가 있을 것만 같다는 생각으로 인터뷰를 시작했다.

앞만 보고 달려온 유년 시절

"어릴 때부터 누나가 공부를 정말 잘했어요. 늘 전교 1등을 도맡아 했고, 대학도 전학년 장학생으로 다녔죠. 지금도 누나는 학교 선배인 동시에 잘 나가는 의사예요. 이런 누나 때문에 어릴 때부터 공부를 잘해야 한다는 압박을 많이 받았죠. 당연히 의사가 되어야 한다는 게 집안 분위기였어요. 아버님께서 공무원 출신이셨는데, 전문직으로서 정년 상관 없이 살아가는 것이 풍족하게 사는 길이라고 느끼셨던 것 같고, 그래서 전문직인 의사의 길을 가길 권하셨어요. 거의 20년간 의대를 가야 한다는 세뇌를 받으며 자랐다고 해도 과언이 아닐 거예요.

그런데 그렇게 의사가 되고 보니, 나에게 의사란 궁극의 목적이 될 수 없다는 것을 깨달았어요. 나에게 의사란 '무엇인가를 이룰 수 있는' 수단으로서의 직업이었던 거죠. 그렇다면 '나는 궁극적으로 무엇을 이루고 싶었던 것일까' 하는 고민을 많이 했어요."

많은 이들이 무언가를 이루고자 달려오다가 막상 그 꿈을 이루고 나면 비슷한 고민에 빠진다. 작게 보면 대학에 입학한 신입생들은 당장 입시가 사라진 그 상황을 쉽게 받아들이지 못해 방황하곤 한다. 입사 후에는 더 이상 무엇을 향해 달려야 하는지 목표를 잃고 허탈감에 빠지는 사람들도 많다. 아마 서영진 씨도 이와 비슷한 경우였겠지만, 그렇더라도 이렇게 진로를 완전히 바꾸는 결정을 했다는 것이 쉽게 이해가 되질 않았다.

진정 원하는 삶의 가치를 찾다

그는 누나 셋을 둔 막내 외아들이자 한편으로는 집안의 장남이었다. 그렇기에 집안의 기대를 많이 받았지만, 그의 누나들처럼 공부를 뛰어나게 잘하는 편은 아니었다. 기대에 미치지 못하는 성적 탓에 어느 정도 부담을 느끼며 살아왔다. '그냥 이 정도의 성적에 만족하며 지내야 하나, 나는 그냥 여기까지가 한계인가 보다.' 약간의 좌절 혹은 자기와의 타협 속에서 살다가, 본인도 이유를 모르지만 문득 '에이, 까짓 거 한번 공부를 파보자' 하는 생각이 들었다. 그는 본인의 성격이 원래 무언가 해야 한다고 마음을 먹으면 어떻게든 악착같이 해보는 스타일이라고 평한다. 덕분에 초등학교 때는 반에서 10등 정도 하던 성적이 중학교 때는 반에서 5등, 고등학교 올라가서는 전교에서 손꼽을 만한 등수가 되었다.

이렇게 점점 시간이 흐르면서 공부를 잘하게 된 건 단순히 악착같은 노력의 결과만은 아니었다. 공부를 잘하는 친구들은 대체 어떻게 공부를 하는지 관찰하면서 자신만의 공부 방법을 찾았기 때문이었다. 이런 노력을 되풀이하는 과정에서 사람을 관찰하는 습관이 생겼다. 2009년, HBR 스터디 모임에 나오면서부터는 새로운 사람들을 만나고 관찰하다가, 생각의 테두리가 더욱 넓어지는 경험을 하기도 했다. 의대 안에서 비슷한 일을 하는 사람들과 비슷한 대화만을 나누던 서영진 씨에게 HBR 스터디에 참석하는 사람들은 새롭기 그지 없었다. 기업을 통해 새로운 것을 만듦으로써 세상에 기여한다는 생각, 또 그런 생각을 가진 사람들을 HBR 스터디 모임에서 접하면서 '비즈니스'란 무엇인가를 진지하게 생각해보았다. 그동안 의료계 안에 갇혀 있을 때에는 전혀 생각하지 못했던 분야였다.

그때 이런 생각이 들었다. '사실 내가 정말 이루고 싶었던 목적은 사람들과 부딪히면서 그 사람들의 마음을 어루만져주고, 그들에게 진정한 가치를 제공하는 것이었구나.' 하지만 한 사람의 의사가 그 가치를 제공할 수 있을까에 대한 의문이 생겼다. 고민 끝에 그는 혼자서 그 모든 것을 해내려 하지 말고, 마치 기업처럼 여러 사람이 모여 함께 그 가치를 고민한다면 더 좋은 결과를 낼 수 있을 것이라는 막연한 결론을 냈다. 그때 마음속에 있던 인생의 목적과 수단이라는 퍼즐이 '의료와 비즈니스의 결합을 통해 사회에 기여한다'는 형식으로 맞춰지기 시작했던 것 같다.

나에게 용기를 준 사건들

사실 그 전부터 그는 그리 평범한 의사는 아니었다. 환자를 돌보는 의사이면서도, 병원 안에만 있기보다 좀 더 바깥으로 나아가 사람들과 함께 호흡하며 부딪히고 싶다는 생각을 놓지 못했다. 사회가 어떻게 변하고 있는지 트렌드를 관찰하는 것도 굉장히 좋아했고, 한 가지만 물고 늘어져 집중하기보다 좀 더 다양한 분야를 경험하는 것을 즐기는 편이었다. 그런 성격이기에 비즈니스에 접근하는 것도 좀 더 쉬웠던 것 같다. 비즈니스라는 것 자체가 빠르게 변화하는 외부 환경에 맞춰 새로운 것을 시도해야 하는 역동성이 있기 때문이다. 사회에 기여하겠다는 목적을 이룰 수 있으면서, 직접 부딪히며 다양한 시도를 할 수 있는 분야라는 점에 마음을 뺏겼다.

하지만 의사가 비즈니스를 하겠다고 나서니 '돈에 욕심이 나서 그러는 것이 아니냐'는 우려 섞인 질문도 자주 받았다. 하지만 그는 돈이 상대적인 가치를 지닌 것이라고 생각한다. 가진 돈의 절대값이 그대로 만족감으로 돌아오진 않는다는 것이다. 일례로, 그가 군의

관 복무 대신 베트남에서 한국국제협력단(KOICA) 소속 국제협력의사로 근무하던 시절에 본인의 통장잔고를 알아 본 적이 있었는데, 약 2,000달러 정도가 남아 있었다. 우리 나라 돈으로 200만 원 남짓 되는 돈인데, 신기하게도 그 이상으로 굉장히 많이 가진 것 같은 기분이 들었다. 한국에서 번 200만 원과는 비교할 수 없을 만큼 만족스러웠고 마음이 편해졌다. 당시에는 왜 그런 기분이 드는지 이해할 수 없었고 그저 신기했었는데, 시간이 지나 그 시절을 다시 생각해보니, 물질이라는 것이 결국은 상대적인 것이 아닐까 하는 생각에 이르게 되었다. 각자가 처한 상황과 마음에 따라 달리 보이는 가치 말이다. 그 당시 그는 베트남 생활이 조금 불편하기는 했지만 심적으로는 굉장히 만족스러운 나날을 보내고 있었다. 서영진 씨는 다양한 사람들과 새로운 세계에 대한 호기심이 강한 편이었는데, 그런 것들을 충족시켜주는 곳이었으니 당시의 200만 원은 그에게 충분한, 아니 경험과 함께 돈까지 벌 수 있다니 오히려 과분하다는 생각까지 들었던 듯하다.

그는 2008년, 레지던트 신분으로 미국으로 한 달 동안 연수를 갔다. 그 연수 중 기억에 남는 사람을 만난 적이 있다. 그 사람은 한때 한국에서 잘나가는 은행원이었고, 그 은행원 중에 미국 MBA를 졸업한 첫 번째 사람이었다. 그런데 MBA를 마친 후 은행 일을 그만두고 아내와 세 아이를 데리고 미국으로 이민을 왔다고 한다. MBA 졸업 후 본인만의 일을 하고 싶었는데 그 시작을 미국에서 했던 것이다. 미국에서 샌드위치 가게, 자동차 정비소 등 여러 가지 일에 매진한 끝에 성공을 거두었고, 현재는 자동차 정비소를 더욱 확장해서 경영 중이라고 한다.

서영진 씨가 처음 그 이야기를 들었을 때는 안정적인 직장을 그만두고 멀리 타국에서 정말 바닥부터 다시 시작한다는 걸 이해할 수 없었다. 하지만 너무나도 행복하게 본인 이야기를 들려주며 현재의 삶이 매우 만족스럽다는 말을 하는 그를 보고 서영진 씨도 스스로를 돌아보게 되었다. 그동안은 '부딪히면 뭔가 되겠지, 그러니까 시도해야지' 하고 용기를 내다가도 마음 한 구석에서 '에이, 설마, 내가 되겠어, 안 될 거야'라는 걱정이 함께 떠올랐는데 그렇게 주저하고 있는 서영진 씨에게 그 분의 이야기는 이야기는 큰 자극이었다.

새로운 삶의 방향 설정

많은 이들 덕분에 용기를 내서 MBA를 시작하기로 마음먹었지만 솔직히 불안과 걱정은 사라지지 않았다. 커리어의 변화를 주는 데에 따르는 그 과도기적 단계를 어떻게 처리해야 할지 감이 전혀 잡히지 않았다. 그동안은 의사로 지내며 매년 정해진 과업이 있었다. 인턴 1년차, 2년차 등 본인이 해야 할 몫이 오롯이 정해져 있었지만 이제부터의 삶은 스스로 커리큘럼을 만들어내야 하는 상황인 것이다.

그러던 중, 베트남 한국국제협력단에서 군복무하던 시절에 현지에서 알게 된 특별한 장소가 떠올랐다. 친한 선배가 알려준 조마 (JOMA)라는 이름의 여행자 카페였는데, 이 카페의 이야기가 그에게 매우 흥미로웠다. 그 카페의 설립자는 선교사였다. 그는 그저 단순한 선교에만 그치기보다는 사회적 기업으로서 사회에도 영속적인 가치를 제공하며 이를 기반으로 선교하고 싶다는 꿈이 있었다. 그래서 1999년 작은 카페를 인수하여 조마를 시작했다. 작은 공간으로 시작했지만 그 가치를 인정받아 외부 투자를 받았고, 그 덕분에 현재는 라오스뿐만 아니라 베트남과 캄보디아까지 진출해 있는 상태다. 조마 카페는 2011년 기준으로 약 300명의 종업원, 270만 달러 매출, 그리고 연 20퍼센트의 매출성장률을 기록할 정도로 성공적으로 운영되고 있다.

선교 목적으로 시작한 카페이기에, 단순히 비즈니스 측면만 성공을 거둔 것에 만족하지 않는다. 설립자의 비전에 맞게 사회적 측면에서도 다양한 기여를 하고 있다. 카페에서 발생되는 매출의 2퍼센트를 현지 교육, 보건 향상을 도모하는 비영리 단체에 지원하고 있으며, 소외계층의 현지 사람들을 우선적으로 취직시키거나, 창업을 도와줌으로써 그들의 생활을 향상하는 데 기여하고 있는 것이다. 조마 카페는 선교 활동으로서도, 비즈니스로서도 접근 방법이 확연히 다르다. 고객에게 양질의 제품을 직접 판매하고, B2B 케이터링 서비스를 제공해서 이익을 추구하되, 그 이익을 종업원과 현지주민에게 혜택으로 돌려줌으로써 그들이 자활할 수 있는 선순환 구조를 만들어냈다.

오랜만에 그 카페 이야기를 기억해낸 서영진 씨는 작은 가치라도 사회에 기여하는 뭔가를 만들고 싶었다. 자신이 이제껏 쌓아온 커리어를 버리고 처음부터 새롭게 출발해야만 하는 것이 아니라, 자신의 탤런트를 살려서 의료 서비스를 확장하는 방향으로도 가능할 것이라고 확신했다.

나와 같은 길을 떠나려는 사람들에게

그는 본인같이 커리어를 전환하려는 사람들에게 '많이 고민하라'고 말한다. 서영진 씨는 계획을 A부터 Z까지 세우는 타입이기에 계획에 없던 일이 생기면 당황하여 본인도 모르게 엉뚱한 선택을 하곤 했다. 그래서 스스로 고민하는 시간을 길게 가졌다. 그는 충분히 고민한 끝에 결단을 내려야 제대로 선택할 수 있다고 생각한다. 그렇다고 무턱대고 끝도 없이 고민만 하라는 것은 아니다. 적절한 터닝 포인트에서 결단을 내려야 한다. 서영진 씨에게는 당시 경력과 나이가 터닝 포인트였다.

물론 그 역시 다른 사람들과 비슷한 생각에 빠졌었다. 현재에 안주해서 안정적으로 살고 싶은 생각 말이다. 평생 배운 것이 이것밖에 없는데 지금 가진 것을 어떻게 포기하나, 하고 엄두가 안 날 때도 많았다. 자다가도 문득 '내가 무슨 부귀영화를 보겠다고 이러고 있나' 하는 불안함에 눈을 번쩍 뜬 기억도 많다.

하지만 다행스럽게도 현재는 매우 만족스럽다. 장고 끝에 내린 결단이며 본인의 인생에서 정말 이루고자 하는 가치를 찾았기 때문이다. 또한 완전히 새로운 영역을 고집하는 것이 아니라 의료를 바탕으로 사회에 기여하는 기업이라는 본인의 강점을 살릴 수 있는 분야를 찾았기에 지금까지 해온 노력이 헛되이 사라지지는 않을 것이라는 확신 또한 하게 되었다.

자신의 결정을 실제 삶으로 옮겨와 실천하는 것이 두렵기는 하다. 이것을 잘해내려면 설정한 목표를 스스로 이뤄내 봄으로써 자신감을 찾는 것이 중요하다. 그러한 체험을 바탕으로 자신감이 쌓이고, 이 자신감은 새로운 것에 도전하도록 해주는 자양분이 된다고 그는 믿고 있다. 그래서 본인이 했던 일들을 쉽게 흘려 보내지 말고, 꼼꼼하게 다시 되짚어보며 어떤 점을 잘하고 잘못했는지 찾아보고, 그것을 바탕으로 다음 일을 시작할 필요가 있다. 물론 꼼꼼히 검토해보았는데도 포기해야 할 때는 포기해야겠지만, 마음을 비울 때도 자신이 처한 상황과 본인이 내린 판단을 복기해볼 필요는 있다. 실패라고 해서 그동안 했던 모든 행위가 잘못된 것은 아닐 것이기에 그 속에서 잘한 것, 그리고 앞으로 더 노력이 필요한 것을 잘 골라내는 과정을 꼭 거쳐야 한다.

그가 의대에 가려고 재수할 때 그의 전국 성적은 늘 상위 10퍼센트 정도였다. 내신은 좋았지만, 의대는 꿈도 꿀 수 없는 성적이었다. 그렇다고 별다르게 뾰족한 방법은 없었다. 그래서 그는 어떻게 보면 좀 미련하게 느껴질 정도로 많은 문제집을 풀면서 시간을 투자했다. 그렇게 조금 성적이 오르자 '아, 하면 되는구나' 하는 자신감이 생겼다고 한다. 가끔 이런 짓까지 해야 되나 싶은 마음이 들 때도 있지만, 그래도 본인이 하고 싶은 일이라면 어떻게든 하게 될 테니, 결국은 해야 한다는 진리를 깨달았다.

그는 보통 사람들이 생각하는 의사라는 개념과는 조금 다른 본인의 경험을 이야기해 주었다. 어느 췌장암 환자와 그 가족을 담당하게 된 서영진 씨는 환자와 가족이 불안해하지 않도록, 최대한 상세하게 상황을 설명해 드리고자 노력했다. 그런데 그 환자는 진료 중에 다른 병원으로 옮겨야 했다. 마음을 많이 썼던 환자라 끝까지 도와줄 수 없는 걸 아쉬워하고 있었는데, 병원을 옮긴 이후에도 환자 가족이 서영진 씨에게 연락을 해왔다. 아마도 환자 상태를 많이 답답해하는 것 같아 그 병원으로 찾아가 보니, 환자가 더 이상 항암치료를 받지 못해 통증만 조절하며 하루하루를 버티고 있는 상황이었다. 그 상태를 본 서영진 씨는 호스피스 치료를 권해드렸고, 결국 호스피스 병동으로 환자분을 옮겨 좀 더 편안한 환경에서 지내시다가 세상을 떠날 수 있도록 도왔다. 그후 서영진 씨는 그의 장례식에도 다녀오고 보호자와 연락처를 교환했는데, 몇 년 뒤에 그 보호자가 서영진 씨에게 이메일을 보내왔다. 보호자는 '진료만 해준 것이 아니라, 진심으로 마음을 써줘서 고맙다(care, not cure)'라고 메일에 적어서 보냈다. 이 문장이 서영진 씨에게는 이제껏 들어본 어떤 말보다 최고의 찬사로 느껴졌다. 사실 그 환자의 투병 과정에서 의료적으로 큰 도움을 준 것은 아니었다. 그저 환자의 상태에 대해 보호자와 소통하고 더 나은 방법을 찾고자 노력했던 것뿐인데 막상 환자의 가족에게는 그것이 무엇보다 큰 위안이 되었던 것이다.

그가 전하고 싶었던 메시지는 의사라는 직업이 단순히 의학 기술을 다루는 사람을 뜻하는 것이 아니라는 것이다. 의학은 기술적인 부분과 함께 환자와의 소통이 같이 어우러져야 하는 일이기에, 단순히 돈을 잘 벌고 안정적인 직장이라는 이유로 의사라는 직업을 선택하는 사람이 없기를, 그는 바란다.

새로운 출발

현재 서영진 씨는 듀크 대학교의 푸쿠아 비즈니스 스쿨(Fuqua School of Business)에서 MBA 과정을 밟고 있다. 경영학이라는 새로운 학문에서뿐 아니라, 영어를 포함한 미국 문화에 익숙하지 않아서 당혹감을 느낄 때도 많다. 하지만 전 세계에서 모여든 친구들과 지내면서 세계를 바라보는 시야가 넓어지고 있음에 뿌듯함을 느끼고, 이곳에서 사회적 기업의 창업과 운영에 관한 방대한 자료를 접할 수 있음에 감사한다.

그는 졸업 후 경영컨설턴트로 일할 계획을 세웠다. MBA를 통해 사회적 기업의 가능성에 대해 알게 되었고, 장기적인 목표로서 한 번 해보고 싶다는 생각에는 변함이 없다. 동시에 부족한 부분도 깨달았다. 구체적인 아이디어뿐 아니라, 사업 실행에 필요한 여러 부분들(재무, 전략, 마케팅 등)에 대한 것들이었다. 그것을 경영컨설팅이라는 분야에서 배우면서 심도 있게 채워야겠다고 생각했고, 아울러 여러 기업의 사례를 보며 그가 구상한 사업 가능성을 평가해보고 싶었기 때문이다.

　단순히 본인이 순간적으로 흥미를 느낀다고 커리어를 전환한 것이 아니라 장기적 목표와 삶의 가치를 다시 한 번 점검하고 본인의 강점을 살릴 수 있는 분야를 찾아 과감하게 떠난 서영진 씨의 새로운 출발을 다시 한 번 멀리서 응원해 본다.

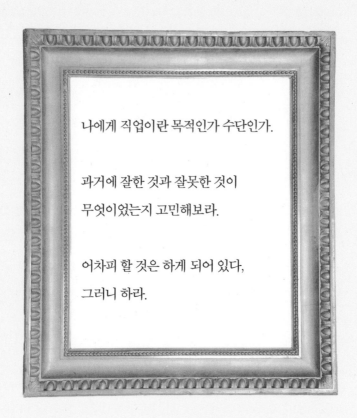

나에게 직업이란 목적인가 수단인가.

과거에 잘한 것과 잘못한 것이
무엇이었는지 고민해보라.

어차피 할 것은 하게 되어 있다,
그러니 하라.

개발자에서
사업가까지 변신

개발자 출신으로 사업을 시작하려니 경영학 지식이 필요했어요. 그래서 HBR 모임에 나오기 시작했죠. 덕분에 강제적으로나마 토요일 아침을 일찍 시작하게 되었어요. 모임에 나오지 않으면 그냥 침대 속에서 뒹굴며 보냈을 시간이에요. 그 시간을 활용해서 사람들을 만나고 이야기를 나누고 새로운 것을 배운다는 것이 참 마음에 들었습니다. 제가 경험하고 깨달은 이야기를 모임에서 나누면, 사람들은 그 이야기에 또 자신의 경험을 덧붙여 더 큰 의미를 만들곤 하더군요. 혼자서 생각할 수 없었던 부분까지 보이기 시작했죠. 이런 시간이 쌓여 제 일상과 업무에도 좋은 영향을 미치고 있는 것 같습니다. 그런 점이 좋아서 몇 년째 거의 빠짐없이 모임에 참여하고 있어요. _**고현운**

특이한 프로그래머, 고현운

처음 얼굴을 마주한 고현운 씨는 지금껏 살아온 이야기를 조곤조곤 들려주기 시작했다. 처음엔 본인을 프로그래머라고 소개했지만 이야기가 이어질수록 단순한 프로그래머가 아니라는 것을 느낄 수 있었다.

고현운 씨는 군대를 다녀온 후 복학해서 인생에 대해 본격적으로 고민하기 시작했다. 이대로 사회에 나가면 틀림없이 아주 쓸모없는 사람이 될 것 같았다. 학교에서 배운 것만 가지고는 아무것도 못 할 것 같았고, 또 그렇다고 학점이 아주 뛰어난 것도 아니었다. 뭔가 독특한 기술을, 특별한 경험을 하고 싶었다. 이런저런 생각도 정리하고 자신만의 무언가를 찾고 싶은 마음에 그는 1년 동안 휴학했다.

한창 스타크래프트가 유행하던 그 시절, 그는 휴학 기간 동안 PC방에서 아르바이트를 하며 시간을 보냈다. 또래 대학생들이 꺼리던 아르바이트였지만 OS를 깔고 PC를 고쳐주며 컴퓨터와 친해지는 시간이 마음에 들었다. 그때부터 조금은 독특했던 그를 눈여겨본 선배가 본인이 다니는 회사에 아르바이트생으로 소개해주었고, 그는 본격적인 사회 경험을 쌓기 시작했다. 회사에서 아르바이트생으로 일하며 그는 프로그래밍의 재미를 알았다. 휴학 기간 동안만 하려던 일이었지만 정식으로 일해보고 싶은 마음이 생겼다. 복학 후 교수님을 찾아간 그는 집안 사정이 좋지 않아 회사를 다니며 공부하고 싶다는 이야기를 꺼냈다. 까다롭기로 유명했던 교수님은 의외로

흔쾌히 그의 계획을 허락해 주셨다. 사실 고현운 씨는 그 교수님의 수업을 듣지 못한 것을 아직도 후회하고 있지만, 덕분에 그는 프리랜서로 일을 시작할 수 있었다.

취업 시즌이 되자 PC방부터 시작해 회사에서 실무 경험까지 쌓은 그를 찾는 곳이 많았고, 그중 한 회사를 골라 입사했다. 입사한 지 일주일 만에 실력을 인정받은 그는 회사 내에서 신사업을 준비하는 팀으로 옮겼다. 흔치 않은 기회였다. 대기업 내에서 새로운 분야를 스타트업 형태로 준비할 수 있는 일이었고, 회사에서 적극적으로 지원했다. 신사업이 잘되어 회사를 차리면 주식도 주고, 대학 시절 중소기업에서 일한 경력도 인정해주겠다고 하니 그에게는 더없이 좋은 조건이었다. 그는 2년여를 그 팀에서 보냈다. 하지만 노력과는 무관하게 팀의 상황은 점차 나빠졌다. 대기업 내에서 스타트업을 준비하다 보니 창업자 마인드가 부족했던 것이 가장 큰 실패 원인이었다. 일반적으로 스타트업은 아무것도 가진 것이 없는 사람들이 절박한 마음가짐으로 시작하는데, 이와는 달리 대기업 마인드에 이미 젖어 있는 멤버들이 이끌던 신사업은 점차 무너졌다. 회사에서는 더 이상 두고 볼 수 없었기에 관련 사업을 정리해서 그 팀을 분사시켰다. 이런 식으로 회사에 남아 있기 싫었던 고현운 씨는 그때 첫 회사를 그만두었다.

꿈꾸던 게임회사에서의 새 출발

고현운 씨는 이미 다양한 경험을 쌓아왔지만 게임회사에서도 한 번 일해보고 싶었다. 이때가 기회다 싶었던 그는 바로 게임업체에 일자리를 얻었고 늘 꿈꾸던 게임 개발을 시작했다. 하지만 막상 게임업체에 입사하고 보니 생각하던 것과는 다른 점이 많았다. 물론 좋아하는 게임을 기획하고 개발하는 과정은 충분히 즐거웠다. 하지만 당시 게임업계가 지금만큼 확장되지 않았던 때라 기존 멤버의 텃세가 상당했고, 연봉은 꽤나 낮은 편이었다. 결국 그는 게임업체에서 본인이 얻을 수 있는 부분만 빠르게 습득하고 나오겠다고 결심하고, 빠르게 게임 관련 기술을 배우기 시작했다. 그리고 8개월 후, 그는 창업을 위해 또 다시 직장을 그만두었다.

가슴을 뛰는 일을 찾아서

고현운 씨의 어린 시절은 그리 풍족하지 않지 않았다. 그래서 그런지 돈에 대한 열망이 항상 가슴속 제일 아래칸을 차지하고 있었다. 하지만 그 마음을 좇아 높은 연봉을 받는 일을 하다 보면 또 다시 허전함을 느끼곤 했다. 돈을 벌고 싶은 마음을 무시할 수는 없었지만 가슴이 뛰는 일을 하고 싶은 것이 진짜 마음이 아닐까 싶었다. 그런 그가 우연히 히틀러의 이야기를 읽었다. 히틀러는 남자는 30대에 모든 것을 시작해야 한다고 말했다. 20대의 남자는 패기가 있

으나 경험이 아직 부족하고, 40대의 남자는 경험은 충분하나 그만
큼 겁도 많아지기 때문에 무언가를 새로 시작하기는 힘들다는 것
이다. 결국 필요한 것과 부족한 것이 적절히 갖춰진 30대에 움직여
야 한다는 것이었는데 돈과 가슴 뛰는 일 사이에서 고민하던 그에게
는, 히틀러의 역사적 악행과는 별도로, 이 말 자체가 와 닿았다.

　마음속에 숨어 있던 창업에 대한 꿈을 끄집어냈기에 시작은 그
리 어렵지 않았다. 마침 회사를 그만둘 핑계도 있었다. 그동안 쌓아
온 인맥을 활용해 친한 후배들과 회사를 차렸다. 출발은 아주 좋았
다. 전파연구소의 200억 원짜리 프로젝트에 지원할 기회를 잡은 것
이다. 마침 고현운 씨가 세운 회사는 이 프로젝트에 가장 필요한 핵
심 기술을 가지고 있었다. 덕분에 함께 파트너십을 맺고 프로젝트
에 지원하자는 제안이 끊이질 않았다. 제안한 회사 중에는 탄탄한
중소기업도 있었지만 그는 그래도 대기업이 낫지 않을까 하는 마음
이 들었다. 그래서 중소기업의 제안을 거절하고 유명 대기업과 손
을 잡았다. 하지만 결과는 의외였다. 전파연구소와 기존 작업을 진
행하던 중소기업이 프로젝트를 딴 것이다. 고현운 씨는 결과 발표
당일 그 중소기업을 찾아가 고개를 숙였다. "제가 잘못된 선택을 했
었습니다. 죄송합니다. 다시 함께해 주십시오." 솔직하게 사과하는
그에게 설득당한 업체는 계약을 진행했고, 창업 첫 해부터 대형 프
로젝트에 들어간 덕분에 회사는 승승장구 할 수 있었다.

사업가로서의 고난

창업 첫해를 무사히 넘기고 다음해가 찾아왔다. 업계에서 이미 입소문이 난 덕분인지 회사며 멤버들을 탐내는 사람들이 여럿 있었다. 그래서일까, 고현운 씨도 모르는 사이에 함께 일하던 직원 두 명이 계약업체로 넘어갔다. 사업을 같이 시작했던 후배 두 명이었다. 오랫동안 알고 지낸 사이인데다가 심지어 회사의 핵심 인력이었다. 그들이 회사를 떠나버리니 메인으로 업무를 맡아 할 수 있는 멤버는 고현운 씨 하나가 전부였다. 게다가 그들이 옮긴 계약업체는 고현운 씨에게 계약한 금액을 줄 수 없다며 막무가내로 추가 업무를 요청하기 시작했다. 몸과 마음이 모두 지치는 시기였다. 일에 치여 몸은 고달팠고 사람들에게 배신당한 마음의 상처 역시 아팠다. 험한 사업의 세계로 들어오는 순간이었다.

많이 지쳐서였을까. 그는 한동안 큰 욕심 없이 그저 먹고 살 수 있을 정도로만 회사를 유지했다. 그러다 보니 회사에 비전이 없어졌고, 좋은 인재가 회사를 떠나기 시작했다. 몇 년 전 고현운 씨가 그렇게 회사를 떠났던 것처럼 말이다.

이래서는 안 된다

떠나는 직원에게서 자신의 모습을 본 그는 다시 무언가 시작해봐야겠다고 결심했다. 가슴 뛰는 무언가를 찾아 사업을 시작했던 초심을 되찾아, 열정을 쏟아부을 만한 회사를 만들어보고 싶었다. 남들이 주는 용역으로만 먹고살 것이 아니라 우리만의 솔루션을 개발해보자는 욕심이 생겼다. 직원들도 한 마음이 되어 함께 새로운 프로젝트를 구상했다. 하지만 아무래도 인력이 많이 부족했기 때문에 신규 솔루션 개발에 모두가 올인할 수는 없는 상황이었다. 어떻게든 새로운 업무를 해보려고 그들은 마치 품앗이를 하듯, 일부는 타 업체에서 주는 용역을 진행하고 일부는 신규 솔루션 개발에 매달렸다. 이렇게 업무를 나누어 진행하니까 업무 진행 속도는 느려질 수밖에 없었다. 한 가지 일에 몰두해도 힘들 만한 규모의 일이었기 때문에 집중도도 떨어지고 일의 효율 역시 떨어졌다. 고현운 씨의 고민은 늘어갔고 그와 함께 계획했던 개발 일정 역시 끝없이 늘어나고 있었다. 이때 규모가 작은 기업은 절대 무리하면 안 된다는 교훈을 얻었다. 그리고 작은 회사에서 신사업을 기획할 때는 회사에서 가장 높은 사람이 주축이 되어야 한다는 것 역시 깨달았다. 아무래도 지위가 가장 높은 사람이 실무를 가장 덜 맡으므로 업무 부담이 적기 때문이기도 하고, 총 책임자가 가장 넓은 시야로 전체를 관장해야 한다는 뜻이리라.

이렇게 긴 개발 기간을 거치며 회사를 더 이상 유지해야 하는지 고민하던 고현운 씨에게 새로운 기회가 왔다. 원하던 솔루션 개발을 끝내지는 못했지만, 회사 자체의 기술력을 높이 평가해서 회사를 인수하겠다는 사람이 나타난 것이다. 이 이상 해낼 수 없겠다고 판단한 그는 회사를 넘겼고, 그 밑에서 1년간을 더 일했다.

인수된 회사에서 1년 동안 일한 그는 다시 프리랜서 신분으로 돌아왔다. 열심히 일하며 잃은 돈을 채워 넣었고 조금씩 삶의 여유를 되찾았다. 정신적으로 어느 정도 여유가 생기자 삶을 되돌아 볼 수 있었고, 다시 한 번 가슴 뛰는 일을 하고 싶다는 열망이 생겼다.

자신에 대한 믿음

안정적인 지위와 직장을 얻고 싶어 하는 것이 요즘 추세다. 젊은 이들의 열정이나 용기가 사라진다는 우려도 많고, 이런 젊은이들을 위로한다는 자기계발서가 날개 달린 듯 팔리기도 했다. 그런데 더 많은 실패를 경험하고 바닥까지 내려가본 그는 오히려 안정적인 삶에 대한 갈망이 없어 보인다.

고현운 씨와 얘기하는 내내 그에게 엿볼 수 있었던 가장 큰 장점은 자신감이었다. 그동안의 다양한 경험을 통해 다져진 스스로를 누구보다 더 잘 알고 있었고, 부족한 부분을 어떻게 채워나가야 할지에 대한 생각도 명확했다.

고현운 씨는 사람의 능력에서 가장 기본이 되는 것을 기술이라고 본다. 도시나 사업을 기획할 때도 가장 기본이 되는 인프라부터 채워나가듯이, 사람도 자신만의 기술이 있다면 업이 바뀌어도 그 기술을 활용할 수 있다는 것이다. 단단한 기술을 바닥에 깔고 업을 배우면, 기술 없이 그저 동일 업계에 오래 몸담은 사람과는 또 다른 실력을 발휘할 수 있을 것이다.

　그의 말에 따르면 IT 업계는 사람이 절대적으로 부족하다. '정말 실력 있는' 사람이 부족한 업계라는 뜻이다. 2000년대 초에 인터넷 붐이 일어났을 때 웹 기술에 대한 수요가 폭발적으로 늘어났다. 하지만 당시 그에 걸맞은 기술을 습득한 사람은 많지 않았고, 막상 기술을 배우려는 의욕이 있어도 배울 만한 방법이 별로 없었다. 좋은 학원이나 책이 있던 시절도 아니었고, 지금처럼 인터넷 검색만으로 무언가를 해결할 만큼 데이터가 쌓여 있는 것도 아니었다. 선례가 없고 벤치마킹할 대상이 없다 보니 문제가 생겨도 정말 개개인의 힘으로 하나하나 해결해 나갔다. 이 때문에 작업 효율은 떨어질 수밖에 없었다. 3D 업종이 된 것이다. 이렇게 업무 강도가 세기로 유명한데다가 그에 걸맞은 보상이 따르지 않았다. 실력 있는 개발자가 직책이 올라가면 경영이나 운영 등 관리 업무를 맡으려고 하는 행태가 업계 전반에 퍼졌다. 다시 생각한다면 확실한 기술을 가지고 있는 사람은 회사며 도메인을 골라잡을 수 있다는 이야기다. 이런 믿음이 확고했기 때문에 고현운 씨는 어디에서든 현재 위치에서 습득할 수 있는 최대한의 기술을 배우고자 노력했다. 본인에게 자산(기술)만 있다면 업을 선택할 수 있다는 자신감이 있었던 것 같다.

　그에게는 어렵고 힘든 일 쪽으로 향하는 본능적 욕구가 있는 것 같다. 쉽고 편안한 일에 몸을 맡기면 불안감이 먼저 솟아오른다는 것이다. 옆에서 그를 오래 지켜본 이가 이야기를 거든다. "저 사람 취미가 어려운 도구 쓰는 거예요. 예를 들자면 새로 프라이팬을 샀는데, 음식만 하면 눌러 붙는 바람에 요리하기가 매우 힘들더라고요. 그래서 슬쩍 얘기를 했더니 어떻게 하면 이 프라이팬으로 음식을 태우지 않고 만들까만 하루 종일 고민해요. 이렇게도 해보고 저렇게도 해보고. 그러다 뭐 하나 태우지 않고 잘 구워내면 그걸 그렇게 기뻐하는 거예요. 이 사람이 원래 그런 사람이에요. 일만 그렇게 하는 것이 아니라, 그냥 그게 이 사람 일상이에요." 듣고 있던 고현운 씨가 멋쩍어하며 얘기를 꺼낸다. "요즘 워낙 자동화된 툴이 많은데, 여기 익숙해져 버리면 그 밑에 깔려 있는 원리를 이해할 수 없어요. 다들 편안함에 젖어 자동화 툴을 사용하지만, 거기서 멈추면 안 되는 거죠. 더 이상 발전이 없어요." 어려운 툴을 쓰면서 기술의 바닥까지 이해하고, 어떤 부분이 어떠한 이유에서 자동화되었는지를 느끼는 것이 중요하다고 그는 함께 일하는 사람들에게도 항상 강조한다.

실패를 딛고 일어선 경험

고현운 씨 스스로 말한 본인의 최대 강점은 실패 경험이다. 최악의 상황을 실제로 경험해본 적이 있다는 것 자체가 중요하다는 것이다. 베르나르 베르베르의 『개미』라는 소설에서는 한 번이라도 높은 경지를 맛본 사람은 다시 원래의 자리로 돌아가도 이전과 같은 존재가 아니라는 이야기가 나온다. 고현운 씨는 이 이야기가 반대로도 적용될 수 있다고 생각한다. 최악을 경험해본 사람은 다시 위로 올라가도 최악을 경험하기 전과 같은 존재일 수 없다는 것이다.

그는 대학 시절 등록금을 직접 벌어서 내야 했기 때문에 술집 아르바이트, 쌀 배달, 배추 나르기 등 안 해본 일이 없을 정도로 열심히 지냈다. 후배들과 함께 창업하던 시절에는 맥도날드 햄버거 하나 살 돈이 없어서 후배 하숙집에서 음식을 얻어먹곤 했다. 이런 시절이 있었기에 회사가 어려운 순간에도 마냥 절망하고 좌절하기보다는 어떻게든 살겠지 하는 긍정적인 생각을 먼저 했다. 실패를 경험한 이후에 뭐든지 두려움 없이 도전할 수 있게 된 것이다.

긍정적인 정신은 그가 무언가를 선택하거나 판단해야 할 때 제일 먼저 떠올리는 기준이다. 새로운 일을 시작하려 할 때 사람들은 성공이나 실패 가능성을 먼저 점쳐본다. 하지만 고현운 씨는 조금 달랐다. 이 도전에서 만약 최악의 상황을 마주하게 된다면, 그 상황에서 무엇을 얻을 수 있는지 따져본다는 것이다.

보통 의사 결정을 할 때는 성공 확률과 위험 정도를 척도로 사용해 결정한다. 하지만 그는 성공이나 위험 확률을 따져보는 것이 아니라 각 상황에서 진정으로 본인이 얻을 수 있는 것이 무엇인지를 생각한다. '성공'을 돈을 많이 벌거나 명성을 얻는 것만이 아니라 본인의 역량을 키우는 것으로 정의하기 때문이다. 이 이야기를 들으며 그럴싸하게 포장된 느낌이 아닌, 그의 진심을 느낄 수 있었던 것은 아마도 지금껏 마주하고 들은 그의 이야기가 일관성이 있었기 때문일 것이다. 위험을 최소화하고 안정적인 삶을 그리기보다 본인이 얻을 수 있는 경험치를 중요시했던 그의 삶이 그대로 녹아 있는 기준이었다.

남과 나누고 싶은 나의 삶

그는 그 값비싼 교훈을 혼자서만 알고 있기에는 아쉬운 모양이다. 그를 원하는 멘티를 여럿 만나며 도와주고 있었다. 알고 보니 예전 회사에서 같이 일했던 후배, 블로그를 통해 온라인상에서 알게 된 사람, 학교 후배 등 생각보다 꽤 많은 멘티를 두고 있었다. 본인의 시간과 돈을 써가면서 굳이 멘티들을 지도해주는 이유는 무엇일까.

그는 사업을 하면서 신입 사원들로만 구성된 스타트업이 막무가내로 일하다 실패하는 사례를 자주 보았다. 요령도 없고, 제대로 된 기술을 알려줄 사람이 없기 때문에 함께 성장할 수 없는 구조 속에 갇힌 것이다. 그런 상황이 안타까워서 먼저 주변인들에게, 어찌 보면 참견 같은 조언을 스스럼없이 하기 시작했던 것이 규모가 커져서 기업을 상대로 컨설팅을 해주기까지 했다. 그러다 보니 자연스럽게 주변에 사람이 모이기 시작했다. 그의 이야기를 듣고 싶어 하는 사람이 많았고, 고현운 씨 역시 사람들이 성장하는 모습을 지켜보며 보람을 느꼈다.

그렇다고 해서 마치 봉사하는 기분으로 아낌없이 퍼주기만 하는 것은 아니다. 그는 멘티들의 실력이 는다는 것은 멘티 본인에게 물론 좋은 일이지만 나중에 멘토가 기댈 만한 사람이 늘어난다는 뜻이니 멘토에게도 좋은 일이라고 한다. 그의 말을 듣고 보니 정말 일관성 있는 사람이라는 생각이 다시 한 번 들었다. 모든 일에 목표가 명확한 사람이다. 그러니까 더욱 본인의 삶에 후회가 없는 것이 아닐까.

끊임없이 꿈꾸는 사람

사람들에게는 꿈이 있고, 욕심이 있고, 더 나아가 포기할 수 없는 욕망이 있다. 하지만 대부분의 사람들은 현실에 부대끼며 본인의 꿈을 좇지 못한다. 어떻게 하면 이런 상황에서 새로운 일을 시작할 수 있을까? 고현운 씨처럼 프리랜서로 살아가는 환경에서나 가능한 일이 아닐까?

이런 물음에 그는 강제로라도 여유 시간을 만드는 것이 중요하다고 말한다. 예를 들어, '나는 밸리댄스를 배울 거야'라는 말만 하는 사람은 평생 밸리댄스를 배울 수 없다. 지금 당장 밸리댄스 학원에 가서 수강 신청을 하는 사람이 밸리댄스를 배운다는 것이다. 강제적으로 꿈을 좇도록 목표를 향해 스스로를 내몰아야 한다.

작년 이맘때쯤 그는 대기업에서 잠깐 일했다. 타사보다 한 시간 일찍 출근해야 하는 조직 문화 때문에 잠을 줄여가며 강제적으로 한 시간 일찍 일어나서 출근했다. 의도하지 않았던 한 시간의 여유 시간이 생긴 것이다. 그런데 어느 순간 돌아보니 그 한 시간을 매우 효율적으로 사용하고 있는 자신을 발견했다. 한 시간 일찍 회사에 나와 자리에 앉아 아무도 시키지 않았는데도 불구하고 스스로 HBR 아티클들을 읽고, 영단어를 찾아 공부하고 있던 것이다.

그에게 삶의 목표를 물어보았더니 늘 생각해 왔다는 듯 주저 없이 세 가지를 이야기한다. "인간적으로 멋있는 사람이 되자. 기술적으로 IT 장인이 되자. 비즈니스적으로 나이 들고도 먹고살 만큼은 벌자. 이 세 가지가 목표예요." 그는 20대에는 예의도 없고, 주변 사람을 쳐다보지 않고, 배려도 없는 사람이었다고 스스로를 평한다. 한창 혈기에 넘쳐 새로운 사업을 시작하려는 시절이었으니 그랬을 법도 하다. 그는 그 시절에 대한 후회는 없다고 한다. 주변 사람들 얘기를 듣기보다 본인이 하고 싶은 것들을 모두 하며 살았기 때문이다. 하지만 30대에 들어서며 그는 '멋지고 다정한 남자가 되자'로 목표를 설정했다. 그리고 40대에는 건강한 사람이, 50대에는 지적인 남자가 되겠다고 한다. 그 모든 것이 쌓이면 60대쯤에는 정말 멋진 사람이 되지 않겠느냐는 것이다.

인생에 대한 목표가 이렇게 상세하게 머릿속에 들어 있다니. 누가 언제 물어봐도 아마 그는 같은 대답을 할 것이다. 그만큼 많은 생각을 거쳐 세운 목표라는 것을 느낄 수 있었다. 그래서인지 그가 이 목표를 충분히 이루고도 남을 사람이라는 확신이 인터뷰가 끝날 때 즈음에 내 머릿속에 박혔다. 이런 단단한 멘토를 둔 멘티들은 참 행복할 것 같다.

일상을 핑계 삼아 꿈을 미루지 마라.

목표를 세우고 강제적으로

이를 이루게끔 스스로를 내몰라.

직장에서 방황하던 시절, 멘토 님이 HBR 아티클 하나를 추천해 주셨는데, 영문 아티클을 혼자 읽기가 녹록지 않아 번역본을 찾다가 이 모임을 알게 되었습니다. 꼼수를 부리다가 대어를 잡았다고도 표현할 수 있을 것 같습니다. 모임 사이트에 좋은 국문 발제문들이 많기도 했지만, 무엇보다 '토요일 아침 7시 30분'부터 경영학에 대한 이야기를 나눈다는 사실이 신선했습니다. 또한 참석하지 않는다고 벌금을 내는 것도 아닌데 평균 열댓명의 사람들이 모인다는 사실 또한 호기심을 자극했음은 물론입니다. 그러나 처음 모임에 나와서는 저와 완전히 다른 사람들이 모인 것 같아 조금 불편했습니다. 생각하는 방식이나 가치를 두는 방식이 달랐다고 해야 할까요? 하지만 시간이 지날수록 어떤 입장이건 경청하고 생산적인 고민을 하는 것을 보며 나중에는 존경심까지 생겼습니다. 다양한 분야에서 일하는 분들의 조언이 향후 국

회에서 일반 기업으로 커리어를 전환할 때, 큰 도움이 되기도 했고
요. _강보라

도예부터 홍보까지

도예를 전공한 강보라 씨는 지금 외국계 홍보회사에서 디지털 홍보와 언론 홍보 업무를 맡고 있다. 길고 길었던 그녀의 이야기를 이렇게 한 문장으로 압축해 버리면 듣는 사람도, 그 삶을 살아온 자신도 이해할 수 없는 이야기가 된다. 도예 전공자가 어떻게 홍보 회사에서 일하고 있는 것일까.

미술을 전공하기까지

강보라 씨의 비전은 더 나은 세상을 만드는 데 기여하는 것이라고 한다. 미대에 진학한 데에는 어렸을 때부터 그림을 그리고 무언가 만드는 것을 좋아했다는 이유도 있었지만 자신의 작품으로 세상을 더 예쁘게 만들 수 있겠다는 이유가 더 컸다고 한다. 그래서 예술과 실용의 경계에 있는 공예학부를 택했고, 섬유예술과 도자예술 중 사람들에게 조금 더 밀접한 것이 매일 식사마다 사용되는 도기라고 생각해 도예를 전공으로 택했다. 다행이 도예는 그녀의 적성에 잘 맞았고, 수공으로 생산되는 도자기를 대량생산이 가능한 방식으로 디자인하고자 산업디자인을 복수전공하기 시작했다.

그러나 진로를 결정할 때쯤, 그녀는 도자기를 직업으로 삼아 평생을 살아갈 수 있을까, 라는 고민을 하기 시작했다. 결정적인 계기는 졸업전시였다. 도자예술과에서 1년간 10개의 졸업작품을 하면서 동시에 산업디자인 수업에서는 프레젠테이션 직전까지 끊임없이 디자인 수정을 반복했다. 체력적으로, 정신적으로 소진된 느낌을 받았단 것이다. 직업으로서 예술가의 삶을 감내할 것이라고 수차례 결심했음에도 이 일을 평생 하면서 살 수 있을까, 하는 회의감이 들기 시작했다. 그래서 그녀는 진로 변경을 결심했다.

사회를 생각하며 국회로 나아가다

다른 진로를 찾던 중, 그녀는 선배에게 국회에서 일해보는 것은 어떻겠느냐는 제안을 받고 눈이 번쩍 뜨였다. 운동권 성향이 있는 학생회나 동아리에서 활동했었지만, 평생 동안 사회 운동을 하기에는 본인의 극기도 부족하고 경제적인 측면에서도 감당하기 어렵다는 생각을 하고 있던 차였다. 국회는 공익적인 관점에서 계속 사회에 기여할 수 있는 또 다른 길이 될 듯했다.

국회에서 일하는 것은 전혀 생각해보지 않은 길이었다. 특히 취업 후에는 더더욱 정치와는 멀어질 것이라고 생각해왔지만, 선택할 수 있는 하나의 옵션으로 국회가 등장하자 새로운 시각이 열렸다. 예술을 전공하고도 막상 사회에 진출할 때는 경제적 이유로 다른 직업을 택하거나, 작가의 길을 택하고도 생활고 탓에 작업을 제대로 하지 못하는 선배나 동료를 보며 안타까움을 느꼈는데, 국회에서 예술 정책 쪽 업무를 맡아서 이 부분을 해결하는 데 매진해보면 어떨까 하는 생각이 들었다. 그렇게 그녀는 인턴 지원을 했고, 첫 면접 다음 날 합격 소식을 들었다.

국회에서 일하기로 결심하는 데에는 그리 오랜 시간이 걸리지 않았지만, 업무를 시작한 초반에는 종종 본인도 모르게 위축되었다고 한다. 난생 처음 접해보는 분야인데다가 그녀와 함께 일하는 사람들은 대부분 법학이나 정치외교학을 전공한 사람들이었다. 아무래도 그녀보다 국회 업무가 친숙했고 일 처리 방식도 달랐다. 그들 사이에서 잘해낼 수 있을까를 수차례 고민했지만, 이미 엎어진 물이었다. 그저 열심히 하는 것밖에는 방법이 없었다.

첫 번째 의원실 - 나만의 강점을 찾다

인턴 한 달 뒤, 그녀는 자신이 크게 뒤떨어지지 않을 뿐 아니라 오히려 강점이 있다는 사실을 알았다. 사실상 업무는 자신뿐 아니라 다른 전공자들도 처음 배우는 일이라는 것을 깨달은 것이다. 또한 다른 사람들은 비슷한 전공자이기에 오히려 그녀같이 미술 등 특이한 계통의 전공자가 강점을 만들기에 용이했다. 일례로 디자인과 조금이라도 관련이 있는 업무나 문서는 모두 디자인을 전공한 그녀를 거치게 마련이었던 것이다. 국회의원의 성과를 지역구민에게 보고하는 의정보고서부터 홈페이지 관리, 각종 자료집 제작까지 할 일은 차고 넘쳤다.

'어차피 다들 비슷한 선상에서 시작하는 것이고, 나는 남들이 못 하는 디자인 분야 업무까지 소화할 수 있으니 내가 지금부터 남들과 비슷한 속도로만 일을 배워도 경쟁력이 있겠구나'라는 판단이 들자, 자신감이 생겼다. 이런 생각을 가지니 조금 힘들어도 버틸 만했다. 그렇게 1년을 보냈다.

그녀의 전공뿐 아니라 나이도 강점 중 하나로 작용했다. 당시는 블로그나 다양한 SNS가 등장하던 시점이라, 어떻게 하면 온라인 네트워크를 정치권에서 활용할 수 있을지가 화두였다. 그때 인터넷 서비스에 익숙하기에는 어느 정도 나이가 있었던 선배들이 새로 들어온 젊은 피가 한번 해보라며 그녀에게 일을 넘기기 시작했던 것이다. 사실 강보라 씨도 그때까지는 온라인 서비스를 능숙하게 다루지는 못했다. 하지만 SNS의 근간은 새로운 콘텐츠를 기획하고 만들고 공유하는 것이기 때문에 디자인을 전공하며 배운 기획력과 디자인 실무 능력이 매우 중요한 밑천이 되었다. 남들이 만들지 못하는 콘텐츠를 쉽게 만들어낼 수 있었기에 공유하는 부분은 큰 문제가 아니었다. 그 결과 칭찬도 많이 받았고, 점점 자신감이 붙었다.

그녀는 야심 차게 이후의 커리어 패스를 설계했다. 국회의원실이라는 특성상 직급별 T.O가 많지 않아 능력은 물론 운도 받쳐줘야 승진이 가능하다는 사실을 이미 알고 있었지만, 이 여세를 이어 정책 보좌진의 허리인 6급 공무원까지 2년, 5급 공무원인 비서관까지 다시 2년만에 승진하자는 계획을 세웠다. 본인의 예술 전공도 살려 정책 업무를 계속 배워나간다면 두 가지를 잘 융합한 사례가 될 수 있을 것 같았다. 비서관 이후에는 문화부에 전문직 공무원으로 들어가 예술 관련 정책을 직접 기안하고 실행하고자 했다. 야무진 계획이었다. '그 이후에는…… 차관은 불가하니 그럼 장관을 꿈꿔야 하나?' 그녀는 장밋빛 미래를 그리며 매일이 즐거웠다.

하지만 장밋빛 계획은 그리 오래가지 못했다. 많은 사회인이 그러하듯, 주변 환경은 그녀를 그렇게 달콤한 꿈 속에 내버려두지 않았다.

두 번째 의원실

국회 입사 1년, 그녀는 첫 번째 모시던 의원님의 낙선으로 문화예술 상임위를 담당하는 다른 의원실에 입사했다. 그녀는 새로 모시게 된 의원님을 매우 존경했다. 기업에서 CEO를 역임하셨음에도 항상 직원을 존중하고 격려해주는 분이었다. 막내로서 전화 응대부터 커피 타는 일까지 온갖 잡일을 도맡아 하는 그녀에게 따뜻하게 "난 보라 씨 커피가 세상에서 제일 맛있는 것 같아. 정말 고마워"라는 말을 건네 주는 분이었다. 같이 일할 분들도 좋았다. 그녀가 지금까지도 인생의 멘토로 삼고 있는 보좌관님은 물론 믿음직한 비서님들을 만나게 된 것이다. 일도 재미있는데 같이 일할 분들까지 좋자 회사 생활이 정말 즐거웠다.

모든 것이 잘 풀리는 것 같았지만 몇 가지 큰 고민이 그녀를 따라 왔다. 첫 번째는 홍보 업무를 맡게 된 것이다. 강점이라고 생각했던 디자인 역량을 십분 활용해보자는 멘토 보좌관님의 뜻이었다. 통상 의원실에서는 정책 관련 업무를 주요 업무로 친다. 그녀 역시 정책에 관심이 있어 국회로 들어온 것이었는데 홍보 업무가 주어지니 썩 내키지 않았다. 어린 마음에 정책을 만들어 내는 코어(Core)가 아니라 다 만들어진 내용을 가공하는 보잘것없는 역할만 하는 것 같았다.

두 번째 고민은 나이였다. 그녀는 사무실 내 잡다한 일을 도맡아야 했다. 어디나 마찬가지겠지만 국회는 특히나 경력 못지않게 나이가 중요한 곳이다. 즉각적인 업무 처리가 가능하도록 수직 보고 라인을 갖추고 있을뿐 아니라, 다들 비슷비슷한 나이에 국회에 들어오기 때문에 나이가 곧 경력이나 마찬가지인 탓도 있을 것이다.

처음에는 강보라 씨도 같이 근무하는 분들이 좋고, 그 분들을 돕는 일이라고 생각했기에 즐겁게 감당할 수 있었다. 그러나 잡무를 전담으로 하는 분의 업무가 그녀에게 떨어지고, 냉장고 청소를 하라거나, 탕비실 수건을 굳이 집에서 빨아오라거나 하는 조금 무리한 요구가 이어지자 직장생활에 회의를 느꼈다. 상황을 타개하기 어려울뿐더러 그런 일들에 치여 정작 중요한 일을 못하고 있다는 생각 탓에 나날이 초조하고 불안했다.

인생의 멘토를 만나다

'견디거나 직장 생활을 관두는 것밖에 방법이 없는걸까, 국회 안에서는 어디든 같은 일이 생기지 않을까?' '기업에 취업해야 하나, 많은 기업 국회 담당자들이 국회를 말하며 시장은 다르다고 하던데 취업이 될까, 경쟁력이 없지 않을까' 등등 수많은 고민으로 방황하던 그녀에게 사무실 멘토가 HBR의 '상사를 관리하라(Managing your boss)'라는 아티클을 추천해주며 사회 생활을 하면서 어쩔 수 없이 부딪히는 여러 가지 고민들이 있겠지만, 그것들을 잘 헤쳐나가려면 먼저 상사를 다룰 줄 알아야 한다는 말을 덧붙여 주었다.

마음이야 무척 감사했지만 막상 A4 4장에 달하는 영문 아티클을 읽자니 여간 어려운 게 아니었다. 빨리는 읽어야겠기에 급한 마음에 인터넷에 번역본이 있는지 검색하기 시작했다. 그러던 중 국문 발제문을 HBR 스터디 모임에서 발견했고, 한 달 뒤 HBR 스터디 모임에 나갔다. 사실 HBR 아티클을 읽는 것도 쉽지 않았고, 기업 경험도 없어 모임 출석은 여간 부담스러운 것이 아니었다. 그럼에도 오전 7시 30분에 도대체 어떤 사람들이 와서 무슨 얘기를 하는지 호기심이 생겼다. 출석 후에는 모임에 푹 빠지게 되었다. 다양한 분야에서 일하는 사람들이 모여서 하는 이야기를 듣다 보니 약간이나마 기업에 대한 간접 체험을 할 수 있었다. 그러면서 기업 취업은 시기상조라는 생각이 들었다. 대신 국회에서 좀 더 경력을 쌓고 전문 분야를 제대로 만들어보자는 결심을 했다.

홍보 업무에 재미를 붙이다

마음이 정리되자 일이 다시 편해졌다. 하지만 여전히 홍보업무에는 큰 애착이 없었다. 홍보 업무는 메인 업무가 아니라 나를 더 특별하게 하는 부가적 업무이기를 바랐다. 그때 멘토가 『포지셔닝』이란 책을 건네 주며 "홍보 일이 사소해서 시키는 것이 아니라 정말 중요한 일이라서 부탁하는 거예요"라고 말했다. 처음에는 마음에 와 닿지 않았지만 주시는 책이니 한 번 읽어나 보자 하고 펼친 책에서 몹시 큰 인상을 받았다. 기업에서 브랜드 방향을 정하고 이를 홍보하는 것이 중요하듯이 정치계에서도 본인의 포지셔닝을 명확히 하고 그 방향성을 잘 홍보하는 것이 매우 중요하다는 것을 깨달은 것이다. 아무리 정책 내용이 좋아도 이를 제대로 전달할 수 없으면 아무 소용이 없다는 말에 마음이 움직였다.

마음이 움직이자 업무도 자발적으로 할 수 있었다. 의원실 활동을 블로그와 뉴스레터로 알리고, 기자들을 위해 상정법안 뉴스레터를 제작했으며, 트위터도 개설했다. 새로운 형태의 포맷들을 만들며 다양한 시도를 해나갔다. 막상 일을 하다 보니 개발 단계부터 참여했던 정책을 직접 홍보까지 이어 할 수 있다는 것이 큰 자산이 되었다. 정책을 통과시키기 위해 전후 홍보활동을 가늠하며 정무적 시야도 넓힐 수 있었다.

자발적으로 일을 찾아 열심히 한 덕분인지 또 한 번의 터닝포인트가 찾아왔다. 그녀에게 타 의원실에서 이직 제의를 한 것이다. 당시 '국회 보좌진 선정 올해의 대상'에서 같이 일하고 싶은 의원 1위를 할 정도로 똑똑하고 좋은 정책을 발표하는 의원의 의원실이었다. 강보라 씨는 그 의원이 홍보가 제대로 되지 않아 인지도를 높이지 못하는 상황이라고 판단했기에 이직 제의를 받아들였다. 그곳에 할 수 있는 역할도 많고 역량을 키울 기회도 많을 것 같았다.

세 번째 의원실

세 번째로 모신 의원님의 의원실에서는 정책과 홍보를 병행했다. 소수 정당 소속이었기 때문에 의원실 자체가 홍보에 절박했던 데다 그 의원님은 100을 준비하면 200을 해내는 분이었기 때문에 홍보 담당으로서는 최적의 환경이었다. 하는 만큼 성과가 빵빵 터졌고 홍보의 효과를 다시금 체감했다.

하지만 위기는 다른 곳에서 찾아왔다. 바로 소수 정당이기 때문에 남들이 일하는 것보다 3~4배는 더 열심히 일해야 기존 정당을 따라잡을 수 있다는 '열심주의'가 문제였다. 다들 일과 삶의 구분 없이 정말로 열심히 일했다. 정말 존경스러울 정도로 열정적이었지만 개인적인 삶을 관리할 수가 없을 지경이었다. 일과 개인의 삶을 분리하고 싶은 요구와 충돌했다. 체력도 문제였다. 같이 일하는 동료들이 잇따라 병이 날 정도로 강도가 높은 생활이 이어졌다. 강보라 씨 역시 한 달에 7킬로그램이 빠지면서 몸이 나빠졌다. 도저히 더 이상 버틸 수 없다고 판단하고 결국 2년만에 의원실을 퇴사했다.

배움에 대한 갈증 – 홍보 전문가에 도전하다

의원실을 퇴사하고 본격적으로 기업 취업을 준비했다. 문화정책 전문가를 꿈꿨지만 홍보 업무를 담당하고 나서부터는 홍보 전문가로 커리어 방향을 틀었다. 훌륭한 정치인의 정책과 퍼스널리티까지 일관되게 홍보하여 담당한 정치인의 입지를 다지고 좋은 정책을 펼 수 있게 하는 데 일조하고 싶다고 마음이 동했기 때문이다.

사실 강보라 씨가 국회에서 나온 가장 큰 이유는 홍보를 배우기 위해서였다. 국회 의원실은 아무래도 규모가 작은 조직이다 보니 기동성은 매우 좋지만 체계는 제대로 잡혀 있지 않은 경우가 많다. 홍보가 주된 업무가 아님은 물론이다. 그래서 기업은 어떻게 운용되는지, 홍보를 전문적으로 하는 회사에서는 어떻게 하는지, 전문지식을 쌓은 후 다시 국회로 돌아가고 싶었다.

물론 익숙하고 애정도 가지고 있는 공간인 국회를 나가는 것에 두려움이 없었다면 거짓일 것이다. 하지만 정책개발도 해봤고, SNS 홍보가 유행하던 초기부터 이를 운용해 디지털 PR을 진행했던 일은 누구에게도 뒤지지 않을 강점이라는 확신이 있었다. 또한 29세라는 나이는 커리어를 바꿀 마지막 기회라는 생각도 작용했다. 소위 '슈퍼갑' 국회에서 일해 세상물정을 모르는 것이 아닌가 싶어 걱정했던 전과 달리 2년여간 HBR스터디 모임 등에서 기업 환경과 상황을 익혀왔다는 점도 홍보 분야로 커리어를 결정하는 데 용기를 더했다.

그녀는 퇴사 후 처음 면접 본 외국계 홍보대행사에 입사해 현재까지 재직하고 있다. 궁극적으로 그녀는 업무를 하며 역량을 차근차근 다진 뒤, 리더가 전달하고자 하는 메시지를 효과적으로 전달해서 대중의 마음을 움직이는 일을 하는, 전문적인 정치 분야 컨설턴트로 거듭나고 싶다는 목표를 세웠다. 늘 생각해오던, 사회에 대한 책임감을 잃지 않고 전문성을 강화해 나간다면 긍정적인 인물이 되어 있지 않을까, 하는 미래를 그려본다.

기로에 선 사람들에게

강보라 씨는 혼란과 선택의 기로에 선 사람들에게 '차가운 눈'을 가지라고 조언한다. 그녀가 HBR 스터디 모임을 각별하게 생각하는 이유도 이 부분 때문이다. HBR 아티클을 공부하며 자신을 둘러싼 다양한 선택과 상황을 대입해보고 이를 객관화할 수 있으며, 여러 직종의 사람들의 각기 다른 입장을 들을 수 있다는 것이다. 개인적으로 주는 따뜻한 조언은 보너스다.

일례로 일터에서 겪는 각종 트러블을 단순히 감정 문제로만 치부할 수도 있었지만, HBR 아티클을 공부하며 상황을 리더십적인 관점, 조직운영 측면, 수익 구조에서 바라볼 수 있었다. 다른 사람들

이 해주는 조언을 들으며, 현재 자신의 입장을 보다 객관화해 정리
할 수 있었기 때문이다.

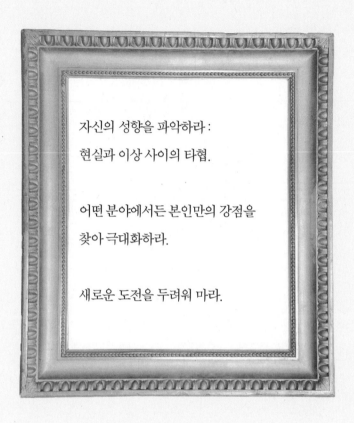

자신의 성향을 파악하라 :
현실과 이상 사이의 타협.

어떤 분야에서든 본인만의 강점을
찾아 극대화하라.

새로운 도전을 두려워 마라.

꿈꾸는 인생을 위한

세 가지 키워드

이 책을 기획하면서 사실 무언가 결론을 낼 수 있으리라는 기
대는 하지 않았다. 평범한 사람의 이야기를 전달하고, 그 속에서 독
자 본인의 상황에 적용할 만한 작은 교훈을 스스로 찾아낼 수 있도
록 매개체 역할을 해주는 목표뿐이었다. 그 이상도 이하도 아닌 딱
그 정도의 의미를 이 책에 부여했던 것은 어쩌면 나 스스로도 평범
한 사람들의 이야기 속에는 큰 의미가 없을 것이라는 가설을 마음에
두고 있었기 때문이 아니었나 싶다.

하지만 인터뷰가 계속되고 글을 정리하며 편견이 다시 한 번 깨
졌다. 그들은 누구에게 내어놓아도 부끄럽지 않을 삶을 살아왔고,
그만큼 배울 점이 많았다. 그렇기에 그들의 삶에서 무언가 공통적
인 요소들을 찾을 수 있었다.

바로 계획하는 삶, 그 계획을 실천하는 삶, 그리고 본인의 삶에
감사하는 자세, 이 세 가지 키워드는 각각이 아니라 선순환 구조를

그리고 있다. 인생에 대한 방향성과 그 세부 계획을 명확하게 잡은 사람들은 그것을 보다 손쉽게 실천하는 경향을 보였다. 또한 계획을 성공적으로 실천해 낸 성공 사례를 돌아보며 본인의 삶에 감사했다. 그 성공 경험이 몸에 배어감에 따라 그들은 다시 한 번 계획을 세우고 실천하는 삶을 살게 되었던 것이다.

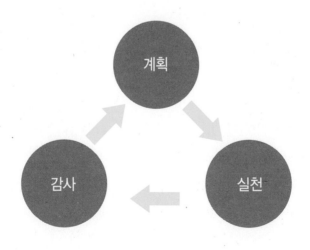

계획

인터뷰에 참여한 사람 대부분은 삶의 목적과, 자신이 중점을 두는 가치가 무엇인지를 한 번 이상 깊게 고민해본 사람들이었다. 우리가 경영학 개론 교과서를 펼치면 거의 어김없이 첫 번째 장에 등장하는 단어가 바로 '사명서(Mission statement)'다. 모든 기업은 처음 그 회사를 설립할 때, 그들을 정의하는 가치를 설정하는데 이것은 그들의 존재 이유이자 사명이기도 하며 동시에 추후 모든 의사 결정 과정에서 우선적으로 검토하는 잣대로 활용된다.

마케터로 일하며 동시에 사회적 단체를 운영하고 있는 배재우 씨의 인터뷰에도 유사한 이야기가 있다. 『성공하는 사람들의 일곱 가지 습관』이라는 책을 읽고 자기 삶의 목적을 설명하고 삶을 이끌어 갈 수 있는 문장을 하나로 정의해보았다는 것이다. 배재우 씨처럼 조금 이른 시기에 이런 시간을 가져 보고 삶의 방향을 명확히 정리한다는 것은 정말 행운과도 같다. 이후에 어떤 문제가 생기더라도 처음에 정한 미션에 의거하여 가치판단을 하고 어떠한 길로 나아가는 것이 본인이 정해놓은 삶의 방향에 어긋나지 않는지를 생각해보면 좀 더 쉽게 문제를 해결할 수 있기 때문이다. 특별한 목적 없이 방황해본 사람들은 배재우 씨와 같은 사람을 부러워하게 마련이다. '그때 나에게도 명확한 삶의 목표가 있었다면, 그렇게 허송세월하며 고민만 하지는 않았을 텐데', 또는 '그때 잘못된 판단을 하지 않았을 텐데' 하는 후회가 있기 때문이다.

인터뷰에 응해주었던 사람 중 상당수는 각자의 터닝포인트가 배재우 씨보다 조금 늦게 찾아왔던 것 같다. 본인의 전공이 너무나도 맞지 않아 전공을 바꾸고자 했던 시기, 또는 본인의 업무가 힘들거나 외부 환경이 어려워져서 다른 방향으로 진로를 바꾸고자 했던 시점 등. 대부분은 그런 특별한 시점에 진지하게 자신을 돌이켜보는 시간을 갖는다. 의사가 되고자 오랜 시간을 준비했고, 또 의사라는 직업으로 보람을 느끼며 살아오다 갑자기 MBA 행을 택한 서영진 씨가 그 대표적인 사례다. 그는 의사라는 목표를 설정하고 긴 시간을 투자했다. 하지만 막상 단 하나의 목표였던 의사가 되고 나서는 다음 이정표를 찾지 못해 방황했다. 만약 그가 의사라는 목표를 세운 것이 아니라 의술로써 아픈 사람들을 치유해주고 궁극적으로는 사람들을 행복하게 해주고 싶다는, 보다 큰 방향을 미션으로 잡았었더라면 의사가 된 후에도 그 방향성을 잃지 않고 더 나은 의사가 되려고 노력했을 것이다. 안타깝게도 스스로 얘기했듯이 서영진 씨는 안정적인 전문직으로서의 의사가 되기만을 꿈꿨던 것이기 때문에, 그것을 이루고 나자 더 이상의 목표를 발견할 수 없었던 것이다. 하지만 그 덕분에 그는 자신의 삶이 어떤 방향으로 나아가기를 원하는지 보다 깊게 생각하는 시간을 보낼 수 있었다.

우리는 흔히 목표를 정할 때 매우 구체적으로 또는 그 목표를 수치화해서 세워보라는 조언을 듣곤 한다. 목표를 상세하게 정할수록 추상적이거나 정성적인 목표를 세운 것에 비해 그 목표를 이루어 낼 수 있는 확률이 더 높아진다는 것이다. 하지만 이것이 모든 상황에서 최선의 방법은 아닐 것이다. 예를 들어, 어머니께 손편지를 다섯 번 써 드리기로 올해의 목표를 계획한 누군가가 있다고 해보자. 목표를 세우고 나서 의욕에 차 올랐던 그는 1월 한 달 만에 어머니께 손편지를 다섯 번 모두 써드렸다. 때문에 나머지 11개월은 특별한 목표도, 계획도, 그에 따른 성취도 없이 시간을 보냈다. 그저 수치적으로 목표 달성 여부만을 따지자면 그의 계획은 매우 효율적으로 달성됐다. 12개월에 나누어 하려던 일을 1개월만에 해냈으니 예상보다 엄청나게 높은 생산성을 달성해낸 것이다. 하지만 정말 그 목표가 가치 있는 일이었던가를 생각해보자. 어머니는 처음 손편지를 받고 감동의 눈물을 흘리셨을지도 모른다. 무뚝뚝한 줄로만 알았던 자식에게 이런 면이 있었구나, 사실은 나를 많이 생각하고 있었구나, 하며 말이다. 그리고 며칠 후, 또 다시 손편지를 받게 된 어머니는 놀라움을 느끼셨을 것이다. 뭔가 특이하다 생각했는데 이렇게 빨리 또 받게 될 줄은 몰랐을 것이다. 그리고 연달아 세 통의 편지를 더 받은 어머니는 점차 비슷비슷한 내용의 편지에 식상함을 느끼거나 오히려 서운해하셨을지도 모른다. 그리고 그 다음주에도 당연히 편지가 올 것이라는 기대를 하셨을 것이다. 하지만 더 이상의 편지는 없었다. 편지를 받는다고 이전만큼 감동하지는 않겠지만, 그래도 내심 기대를 했는데 편지가 오지 않으니 많이 실망하셨을 것이다.

이 목표는 대체 어떤 목적으로 설정된 것이었을까. 이 목표를 세운 당사자가 진정으로 원했던 것은 무엇일까. 아마도 나이가 들어가며 서먹해진 어머니와의 관계 회복, 또는 그동안 하지 못했던 어머니에 대한 감정 표현, 그것도 아니라면 그저 어머니를 조금 더 행복하게 해드리고 싶었던 것일지도 모른다. 하지만 실현 가능한 목표를 세우려는 마음이 앞서 어쩌면 불필요한 수치화를 한 것이다.

정말로 어머니를 기쁘게 해드리고 싶다는 '미션'을 세웠다면, 어머니가 무엇을 좋아하시는지를 먼저 생각했을 것이다. 그리고 어머니와 소통하는 매 순간마다, 작은 의사결정의 순간마다, 어머니께서 좋아하실 만한 선택을 하려고 노력했을 것이다. 그랬다면 수치적인 효율성 측면에서는 실패일지 모르지만 미션은 제대로 달성하는 한 해가 되었을지도 모른다.

흔히 회사에서 신규 제품이나 서비스를 기획할 때, 해당 제품이나 서비스를 통해 고객에게 전달하고 싶은 가치가 무엇인지를 먼저 설정하곤 한다. 그 가치가 명확하고 모두가 이해 가능한 수준일 때 그 가치를 전달하는 방법을 떠올리기가 더 쉽기 때문이다. 기획 과정에서 외부 환경이 변화하거나 상품에 투자할 수 있는 비용이 줄어든다고 해도, 고객에게 전달하려는 가치가 변하지 않는다면 방법을 바꿔서라도 그 일을 해낼 수 있을 것이다.

우리의 삶도 마찬가지이다. 편의점에서 500원을 내고 사먹을 수 있는 초콜릿 하나를 기획하더라도 그 제품의 콘셉트와 가치를 고민하면서 우리는 왜 우리 삶에 대한 콘셉트와 가치를 생각해보지 않는 것일까.

인터뷰에 응해주었던 많은 사람들이 삶의 가치를 정한 후에는 어떠한 갈림길에 서더라도 그 가치를 우선시해서 방향을 결정하는 모습을 보여주었다. 그랬기에 그 선택에 따른 후회가 없었던 것이고, 혹시 선택이 잘못되었다 해도 그 과정에서 얻은 경험을 소중히 할 수 있었던 것이다. 무엇보다 중요한 것은 그들이 계속 선택을 해나가면서도 삶의 가치에는 변함이 없었기에 계속해서 성장할 수 있었다는 점이다.

실천

인터뷰 대상에게서 찾아낸 또 하나의 공통점이 바로 실천이라는 단어다. 정말 식상한 키워드가 아닐 수 없다. 그런데 그들의 이야기를 들으면서 계속 감탄했던 이유는, 나 역시 마음속에 비슷한 꿈이 있지만, 그들은 그것을 실제로 해냈고 나는 아직도 머릿속으로만 꿈꾸고 있다는 차이 때문이었다.

고현운 씨가 말한 밸리댄스 이야기는 나에게 많은 것을 생각하게 해주었다. 밸리댄스를 배울 거라고 말만 하는 사람은 평생 밸리댄스를 배울 수 없지만, 지금 밸리댄스 학원에 등록하는 사람은 잠깐이라도 밸리댄스를 배울 수 있다는 것이다.

나 역시 언젠간 꼭 한 번 해봐야지 하는 마음으로 버킷 리스트에 넣어놓은 일들이 한가득이다. 하지만 막상 실천으로 옮겨본 일은 몇 개 되지 않는 것 같다. 그 많은 리스트 중에 당장 시작할 수 있는 일이 하나도 없을 리 없다. 그럼에도 불구하고 다양한 핑계를 대며 다음에 시작해도 늦지 않을 것이라고 스스로를 설득하고 있는 것이다.

이번 인터뷰에서 만나본 많은 이들이 공통적으로 전해준 말이 바로 '지금 당장 시작하라'는 것이었다.

사업을 꿈꾸던 고현운 씨와 안유석 씨는 기회가 왔을 때 그것을 놓치지 않고 바로 시작했다. 만약 주저하고 고민에 빠졌다면 지금까지 그들은 평범한 회사원으로 살고 있을지 모른다. 의사로 살아오던 서영진 씨도 비즈니스에 대한 열망이 생겼을 때 머뭇거렸다면 여전히 병원에서 의사로 생활하고 있었을지 모른다. 하지만 그들은 모두, 기회가 왔을 때 그 기회를 놓치지 않고 마음의 소리를 따라 행동으로 옮겼다. 그랬기에 지금의 그들이 존재하는 것이고 더 큰 세상에서 새로운 삶을 만들어 나갈 수 있었던 것이다.

그리고 인터뷰를 진행하면서 실천의 또다른 이름은 꾸준함이란 걸 느꼈다. 안유석 씨는 몇 년간 아침마다 테니스 수업을 듣고 매주 영어학원에 다닌다고 했다. 또한 이 인터뷰에 참석해준 모든 사람들은 매주 토요일 아침 7시 반에 강남역으로 나와 HBR 아티클을 읽고 함께 토론하는 생활을 하고 있다. 아주 작은 것이라도 무언가를 꾸준히 한다면 그 결과는 엄청날 것이다.

이런 꾸준함을 지키는 데는 '구체적이며 수치화된 계획'을 세우는 것이 도움이 된다. 나는 매년 한 해에 몇 권의 책을 읽을 것인지 연초에 계획을 세운다. 그렇지만 그 수치는 어떠한 근거를 기반으로

산출하는 수치가 아니다. 그저 전년도 계획 달성 여부에 따라 올라가고 내려가고 하는 수준이다. 그래서 그런지 나는 이 목표를 제대로 달성해낸 적이 거의 없다. 내가 실제로 달성해본 계획은 보다 구체적이며 작았다. 예를 들어 하루에 성경 세 장 읽기, 이번 주에 제품 디자인에 관한 책 세 권 읽기, 이번 달에 HBR 스터디에 빠지지 말고 참석하기. 이렇게 작고 명확한 목표가 실천하기 훨씬 쉽다.

어느 예능 프로그램에 나온 연예인이, 하루에 천 개씩 푸쉬업을 한다며 몸매 비결을 밝힌 적이 있다. 많은 사람들이 놀라며 어떻게 푸쉬업을 천 개씩 할 수 있냐고 질문했는데 그의 대답은 짧고도 명료했다. "한 개부터 시작하세요." 그는 처음에는 푸쉬업 하나, 다음날은 두 번, 그 다음날은 세 번. 이렇게 하루씩 그 수를 늘려가며 지금까지 왔다고 한다. 아주 간단하지만 명확한 목표를 세우고, 지금 당장 실천하는 것이 중요하다는 이야기다.

감사

인터뷰를 하면서 제일 많이 감명을 받았던 부분다. 내가 해온 것에 대한, 내가 이루어낸 것에 대한, 내 지금 상황에 대한, 가장 크게는 나라는 존재와 내 삶에 대한 감사 말이다. 인터뷰에 응해준 사람들은 실패한 이야기를 할 때도, 성공한 이야기를 할 때도 진정으로 기쁜 마음으로 이야기를 들려주었다. 그래서일까, 그 기쁜 마음은 삶에 대한 감사로 이어졌다.

인터뷰에 응해준 사람들의 종교는 알 수 없었지만, 그들은 자신이 살아온 삶에서 지나온 많은 순간들이 현재의 본인을 만들어 주었다는 것을 잘 깨닫고 있는 것 같았다. 그렇기에 신과 같은 어떤 특별한 존재에게 감사한다기보다 자기를 만들어 준 많은 순간에 감사했다.

우연한 기회에 생명공학을 접해 지금은 융합 생명 과학자로 활약하고 있는 최윤섭 씨는, 많은 우연이 자신을 만들었다고 소개했다.

생명공학을 전공하는 룸메이트를 만나 생명공학이라는 학문에 관심을 갖게 되었고, 그것이 지금까지 본인을 이끌어 온 것이다.

건설회사에 다니며 NGO 활동을 병행하는 김연지 씨는 본인도 모르게 수많은 점을 찍으며 살아왔던 것 같다며, 그 시간이 다 지나고 나서 돌아볼 수 있게 된 지금에서야 그 점들이 어떠한 선을 그어 본인을 여기에 데려 왔는지 알 수 있을 것 같다는 이야기를 했다. 그렇기에 그 점들이 참 소중하게 느껴진다는 것이다.

지나온 시간들을 소중히 여기며 감사할 줄 알기에, 그들은 지금 매 순간이 지나고 나면 또 그와 같은 역할을 할 것이라는 것 역시 알고 있다. 덕분에 그 누구보다 지금 본인이 살아가고 있는 그 순간의 중요성과 감사함을 잘 깨닫고 있는 것 같았다.

그 긍정적인 에너지들은 단지 본인에게만 좋은 영향을 끼치는 것이 아니었다. 매번 인터뷰를 진행하며 그들에게서 에너지를 느낄 수 있었고, 인터뷰에 참여한 대부분의 사람들이 다른 사람들에게 에너지를 전하는 활동들을 하고 있음을 알 수 있었다. 게스트하우스를 운영하는 김연지 씨, 학생들에게 여행의 즐거움을 전하는 최지연 씨 등 많은 사람들이 타인에게 긍정 에너지를 전하고 있었다.

나에게 던지는

질문

이번 프로젝트를 진행하며 나에 대해 많은 것을 되돌아보았다. 사람들은 누군가의 이야기를 들으며 그 이야기를 본인의 삶에 투영하곤 한다. 나 역시 인터뷰 대상자들에게 질문을 던지며, 동시에 나 자신에게도 동일한 질문을 던져보았다.

인터뷰를 하며 그들에게 많은 것을 배웠지만, 더 큰 수확은 나 자신을 돌아보는 계기가 되었다는 것이다. 또한 인터뷰에 참여해준 사람들 역시, 본인이 살아온 시간을 다시 한 번 되돌아보고 자신의 마일스톤을 재점검해 볼 수 있었던 좋은 기회였다고 답했다.

많은 직장인이 본인이 속한 조직에 대해, 본인이 만드는 제품에 대해 강약점을 분석하고 이를 바탕으로 회사가 나아가야 할 방향을 제시한다. 하지만 막상 자기 자신에 대해 그만큼 깊이 생각해본 적이 있었을까?

다음은 본 프로젝트를 진행하고자 인터뷰 대상자에게 전달했던 간단한 설문 문항이다. 이 항목들을 사용하여 자신의 이야기를 한 번 만들어보자. 단순히 주변 사람들의 이야기를 듣고 부러워하고 존경하는 마음만 가질 것이 아니라, 자기 자신의 계획과 실천, 그리고 감사를 만들어 낼 수 있는 삶을 정리해 보는 기회가 될 것이다.

스스로에게 던지는 질문

　현재 모습을 있는 그대로 보여주는 것이, 내가 되고 싶은 모습을 소개하는 것보다 더 흥미롭습니다. 당신은 이미 충분히 멋진 사람이기 때문입니다. 다만, 나를 한마디로 정의하는 것, 나의 직업, 나의 경험들 간에는 서로 연관성이 있는 에피소드들을 중심으로 기재해주시면 좋겠습니다.

　사실 사람에게는 다양한 면이 모두 존재하므로 자신의 정의/직업/경험 및 에피소드 간에 일관성이 존재하기 어려운 것은 매우 당연합니다. 하지만 이번 기회에 에피소드 간의 개연성을 되짚어 보시고, 나를 관통하는 본질적인 것과 일관성을 고찰해보시는 것도 좋은 기회가 되리라 생각합니다.

자아형성

1. 나를 한마디로 정의한다면?

이유 또는 답:

관련 에피소드:

2. 당신은 성공이 무엇이라고 정의합니까?

3. 나의 인생에 영향을 미친 에피소드

4. 최고의 경험(잊혀지지 않는 사건 또는 자신감이 생긴 에피소드)

5. 최악의 경험(이를 악물게 했던 사건 또는 본인이 울었던 에피소드)

5. 내 인생의 터닝포인트들은? (두 개 이상, 가급적 많이, 사소해도 좋습니다.)

6. 나에게 영향을 미친 사람들은? 누구? 이유? 왜?

현재 직장에서 자신만의 철학

1. 현재 자신이 하는 일에 만족하는가? 만족하면 왜? 만족하지 않다면 왜?

2. 본인이 종사하고 있는 분야를 선택한 계기?

3. 일을 하는데 자신만의 철학이 있습니까? 만약 있다면 무엇입니까?

꿈, 향후에 하고 싶은 일

1. 인생의 장단기 목표는? (커리어, 여가, 결혼, 봉사, 영적 등)

2. 앞으로 하고 싶은 것? 그 이유는? 그렇게 결심하게 된 계기?

3. 자신의 버킷리스트를 소개해주세요

직장 외 관심사(취미생활, 재테크 등)

1. 일 외적으로 깊은 관심을 가지고 있는 것들은? 분야, 이성, 취미생활 등)

2. 돈 쓰는데 아깝지 않은 분야 그리고 돈을 쓰는 나만의 철학(소비철학)은?

조언 & 팁

1. 본인이 하는 업종에 들어오고자 하는 후배들에게 조언

2. 해당 업종에서 성공하기 위해 필요한 혹은 갖춰야 될 점(필요자질, 역량, 자격증 등)

3. 사회 초년생들에게 하고 싶은 조언

4. 결혼 전후의 차이점은 무엇인가? 결혼을 고민하고 있는 후배들에게 해주고 싶은 말.

미
생,
완생을
꿈꾸다

자기계발

내가 정상에서 본 것을 당신도 볼 수 있다면
극한의 상황에서 깨닫게 되는 삶의 지혜

앨리슨 레빈 지음 · 장정인 옮김

희박한 산소, 영하 40도의 날씨, 멈추는 순간 찾아오는 죽음. 에베레스트 정상과 같은 극한의 상황에서는 조금 다른 판단이 필요하다. 미국 최초의 여성 등반대 대장이자 탐험가 그랜드슬램을 달성한 산악인 앨리슨 레빈이 정상에서 알게 된 삶의 자세를 진중하지만 재미있게 전달한다.

말하지 말고 표현하라
상대의 마음을 움직이는 건 진심의 목소리다

박형욱 지음

말 잘하기, 스피치 훈련, 프레젠테이션 기법은 많다. 하지만 진정한 자신을 표현할 수 있겠는가?
유창한 말솜씨가 아니라 진심을 담은 한두 마디의 '표현'이 마음을 움직인다.

내려놓기의 즐거움
삶과 사랑 그리고 죽음에 대한 놀라운 인생 자세

주디스 오를로프 지음 · 조미라 옮김

직관의 말을 듣고 모든 것을 내려놓는 것은 절대 패배가 아니다.
그럼으로써 인생은 더욱 행복해지고 또한 승리하게 된다.

거의 모든 것의 정리법
거실, 자동차, 기저귀 가방, 지갑, 인간관계, 시간, 남편까지
당신이 찾는 모든 정리법

저스틴 클로스키 지음 · 조민정 옮김

헐리우드 스타들에게 정리의 비법을 전하는 기업,
OCD 익스페리언스의 창립자 저스틴 클로스키가 말하는
거의 모든 것의 정리법. 사물, 시간, 공간, 관계까지. 정리를 하면
창조의 공간이 생긴다는 창조적 정리법을 확인해보자.

스티커빌리티
생각을 바꿔 부자가 되는 비밀

그렉 S. 리드 지음 · 박상욱 옮김

결과를 만든 사람들이 가진 단 하나의 공통점, 스티커빌리티
스티커빌리티『Stickability』는 인내, 끈질김,
그리고 머릿속에 박혀서 떠나지 않는 바로 그 생각이다.

인생을 바꾸는 네 가지 선택

리차드 폴 에반스 지음 · 권유선 옮김

투렛 증후군을 앓는 베스트셀러 작가
리차드 폴 에반스가 들려주는 삶의 노래
풍요로운 인생에는 넘어야 할 네 가지 문이 있다.

디지털 세상에서 집중하는 법
디지털 주의 산만에 대처하는 9가지 단계

프란시스 부스 지음 · 김선민 옮김

혹시 스마트폰을 끄는 방법을 잊어버리지 않았는가?
5분에 한 번씩 메시지를 확인한다면 당신의 집중력은
지금 도둑맞고 있는 것이다.

린 토크
예의 바르면서도 할 말은 다 하는 대화의 기술

앨런 파머 지음 · 문지혜 옮김

예의를 지키면서도 빠른 시간 안에 본론으로 들어가는 대화법이 존
재한다. 이것을 〈린 토크〉라 부른다. 대화를 시작하고 1분에 당신은
본론에 접어들 수 있을 것이다.

긍정으로 리드하라

캐서린 크래머 지음 · 송유진 옮김

'만약'이 '현실'이 되게 하는 것이 바로 이 책이 말하고자 하는 전부다. 모
든 독자에게 하는 약속은 보고, 말하고, 행동하는 방식을 가능한 것, 긍
정적인 쪽으로 바꿀 때, 더 멀리 갈 수 있고, 더 빠르게 행동할 수 있다는
것이다.

뉴요커가 된 부처
상사는 거지같고, 전 애인이 괴롭혀도, 부처처럼 걸어라

로드로 린즐러 지음 · 김동찬 옮김

바쁘고, 바쁘며, 바쁘기만 한 우리 .
우리는 어떻게 나 자신을 발견할 수 있을까?
뉴욕에서 불심을 지키며 살아가고 있는 저자에게 내 자신 속에 존재하
고 있는 '본질적인 선'을 발견하는 법을 듣는다.

즉흥 설득의 기술
진부한 영업멘트는 집어치워라

스티브 야스트로우 지음 · 정희연 옮김

우리는 식상한 영업 멘트에 얼마나 지쳤는가
설득은 준비된 번지르르한 말이 아니라
경청과 즉흥적인 대화를 통해 이루어질 수 있다.

경제 · 경영

심플하게 스타트업
단지 세 마디의 휴지만 있어도 당신의 일을 시작할 수 있다

마이크 미칼로위츠 지음 · 송재섭 옮김

화장실에서 볼일을 시원하게 봤는데, 걸려 있는 휴지는 달랑 세 마디뿐!
그 상황이면 아마도 그 세 마디 휴지를 효율적으로 쓰기 위해 갖은 애를 쓰다
가 결국, 어떻게든, 해결하고 화장실을 나올 것이다. 모든 일이 그렇게 시작한
다. 조건에 얽매이지 말고 심플하게 가지고 있는 것에 집중하라.

어떻게 경영할 것인가
경영에서 반드시 부딪치게 되는 76가지 문제와 그 해법

제임스 맥그래스 지음 · 김재경 옮김

경영을 하다 보면 매우 바쁜 와중에도 문제는 발생한다.
그 문제를 해결할 실질적이고 효과적인 답변을 들을 수 있다면? 그것도 '지금
바로' 말이다. 『어떻게 경영할 것인가』는 모든 경영자가 스스로에게 질문하는
바로 그 핵심질문에 대해 즉답을 해준다.

실행이 전략이다
어떻게 리더들은 최저의 시간을 들여 최고의 성과를 얻는가?

로라 스택 지음 · 이선경 옮김

실행되지 않으면 전략이 아니다.
숨 가쁘게 빠르게 돌아가고 있는 비즈니스 환경에서, 전략만 세우고 있다가 시
기를 놓치거나 유연하게 대응하지 못해서 기회를 놓친 사례가 얼마나 많은가?
효율적으로 전략을 '즉시' 실행으로 옮길 수 있는 최적의 방법을 소개한다.

패러독스의 힘
하나가 아닌 모두를 갖는 전략

데보라 슈로더-사울니어 지음 · 임혜진 옮김

언제나 "그리고"를 생각해라.
우리는 비즈니스를 하면서 언제나 선택의 딜레마에 빠진다.
대표적으로 안정과 변화가 그것이다. 안정 "혹은" 변화가 아니다 안정
"그리고" 변화다. 패러독스를 관리할 수 있는 자가 "힘"을 얻는다.

당신은 혁신가입니까
성공한 CEO에게 듣는 기업문화 만들기

아담 브라이언트 지음 · 유보라 옮김

변혁의 시대에 혁신의 문화를 만들어내지 못한 기업은
도태되고 만다. 현재 가장 주목 받고 있는 CEO들에게
어떻게 창조와 혁신이 살아 숨쉬는 문화를 만들어냈는지
그 비법을 들어본다.

컨트라리언 전략
거꾸로 생각하면 사업이 보인다

이지효 지음

세계적인 경영컨설팅회사 베인앤컴퍼니가 대한민국
기업에게 제시하는 희망의 메시지.
진정한 창조경제의 힌트를 발견한다.
〈한국경제, 기회는 어디에 있는가〉의 저자

모든 경영의 답
베스트 경영이론 활용 89가지

제임스 맥그래스, 밥 베이츠 지음 · 이창섭 옮김

경영 사상가의 위대한 이론이 이 작은 책 안에 고스란히 담겨 있
다. 경제생활을 하는 직장인 모두에게 반드시 필요한 필독서.

나는 즐거움 주식회사에 다닌다
즐거움이 곧 성과다

리차드 셰리단 지음 · 강찬구 옮김

회사의 목표는 수익이다. 그 누구도 즐거움이라고 말하지 않는다.
하지만 당신이라면 일을 맡길 때 즐거움을 추구하는 팀에게
맡기겠는가? 아니면 수익만을 추구하는 팀에게 맡기겠는가?
즐거움이 목표인 회사를 만나보자.

온난화라는 뜻밖의 횡재
기후변화를 사업기회로 만드는 사람들
맥켄지 펑크 지음 · 한성희 옮김

자원, 물, 영토 전쟁이 시작된다.
기후변화와 함께 기회도 이미 시작되었다. 온난화로 대변되는
기후변화를 사업의 기회로 삼으려는 노력이 일어나고 있다.

해피 워크
행복한 직장의 모든 것은 직장 상사로 통한다
질 가이슬러 지음 · 김민석 옮김

훌륭한 상사가 훌륭한 직장을 만든다. 훌륭한 직장 상사는 어떤
평가를 받고 또한 부하 직원에게 어떤 피드백을 해주는가?
질 가이슬러의 행복한 직장을 만드는 워크숍을 따라 해보자.

광팬은 어떻게 만들어지는가
레이디 가가에게 배우는 진심의 비즈니스
재키 후바 지음 · 이예진 옮김

이 책은 새로운 것을 창조하거나 변화를 시도할 때 꼭 필요하다.
– 세스 고딘, 『보랏빛 소가 온다』의 저자

믿고 지지해주는 광팬이 있다면 누구나 성공할 수 있다. 레이디 가가
를 좋아하는지 여부는 중요하지 않다.
그녀에게 팬을 만드는 비법을 배우는 것이 중요하다.

SNS 앱경제 시대 유틸리티 마케팅이 온다
정보가 보편화된 시대의 소비자와 마케팅의 본질적 변화
제이 배어 지음 · 황문창 옮김

뉴욕타임즈 베스트 셀러 왜 더 이상 광고는 통하지 않는가?
SNS 앱 경제 시대 소비자는 어떻게 변했는가?
그렇다면 무엇을 해야 하는가?
마케팅의 본질을 흔드는 시원한 해법

빅데이터 게임화 전략과 만나다
로열티 3.0 = 동기+빅데이터+게임화 전략
라자트 파하리아 지음 · 조미라 옮김

뉴욕타임즈, 월스트리트 저널 베스트 셀러
글로벌 혁신 컨설팅 회사 IDEO 출신의 저자가 말하는 로열티 3.0

치열하게 읽고 다르게 경영하라

안유석 지음

사업이 성공하기 위해서는 A부터 Z까지를 갖추어야 하고,
이 책은 그 해답을 준다 책 · 생각 · 경험 · 이론을 읽고
사업을 변화시킨 사업가의 이야기

적게 일하고도 많이 성취하는 사람의 비밀

로라 스택 지음 · 조미라 옮김

칼퇴근 하면서도 야근하는 사람보다 일 잘하는 방법
더 적게 일하는 것이 낫다, 그러면 일을 더 잘 하고
집중력을 높일 수 있게 될 것이다.

존중하라
존중받는 직원이 일을 즐긴다

폴 마르시아노 지음 · 이세현 옮김

존중 받는 직원이 되고 싶은가? 그렇다면 이 책을 꼭 읽어보라
직원들이 진정으로 일을 즐기게 만들기 위한 분명한 조언과
지침을 제공하는 책!

정치 · 사회

미치광이 예술가의 부활절 살인
20세기를 뒤흔든 모델 살인사건과 언론의 히스테리

해럴드 셰터 지음 · 이화란 옮김

아리따운 모델이 나체로 살해된다. 공교롭게도 살인 현장은 전 미국을 떠들썩하
게 만든 살인 사건이 일어났던 '빅맨 플레이스'. 사건의 진실이 무엇이든 간에 선
정성만을 노리는 언론은 정신없이 모여들어 그들만의 허구를 만들어낸다. 과연
진실은 무엇이며, 인간이란 무엇인가?

할인 사회
소비 3.0 시대의 행동 지침서

마크 엘우드 지음 · 원종민 옮김

제값을 주고 사면 왜 손해라고 느껴지지?
지금 온 세상은 세일 중이다. 그러나 그것이 진짜 세일일까?
이 책은 소비 3.0 시대에 올바로 찾아야 할 소비의 길과 세상의 게임이
어떻게 돌아가는지 보여 줄 것이다.

실패의 사회학
실패, 위기, 재앙, 사고에서 찾은 성공의 열쇠

메건 맥아들 지음 · 신용우 옮김

정당한 실패를 용인하는 사회는 어떤 발전을 이루었는가, 어떤 실수가 실패까
지 연결되는가, 그리고 또 누가 넘어져서도 한 줌의 흙이라도
들고 일어서는가. 실패의 역사 속에서 발전과 퇴보를 하는 차이점은
과연 무엇인가. 실패, 그 잔인한 성공의 역사를 살펴본다.

▌에세이

남자를 말하다
세계의 문학가들이 말하는 남자란 무엇인가?

칼럼 매캔 엮음 · 윤민경 옮김

에세이, 단편 그리고 충고까지 세계적 작가들이 '남자'를 말한다.
『속죄』의 이언 매큐언, 『연을 쫓는 아이』의 할레드 호세이니, 『악마의 시』의 살만
루시디, 『세월』의 마이클 커닝햄 등 80명의 문학가가 감동적이고, 미소 짓게 하
고, 생각을 하게 하는 이야기를 들려준다.

내가 죽음으로부터 배운 것

데이비드 R. 도우 지음 · 이아람 옮김

사형제도에 대해 전 미국의 여론을 환기시켰던 사형수 담당 변호사,
데이비드 R. 도우가 이제 주변의 죽음을 바라보며
가슴을 저미는 삶의 이야기를 펼쳐 놓는다.

베어 그릴스의 서바이벌 스토리

베어 그릴스 지음 · 하윤나 옮김

영웅이란 무엇이며 생존이란 무엇인가.
베어 그릴스의 인생을 설계해준 위대한 '진짜' 생존 이야기들

섹스 앤 더 웨딩

신디 츄팩 지음 · 서윤정 옮김

〈섹스 앤 더 시티〉 작가가 털어 놓는 '와이프로서의 라이프'
결혼이란 사랑이자 현실이며, 또한 감동이다.
로맨틱 코미디와 같은 사랑을 꿈꾸는 사람을 위한
진짜 결혼 이야기.

여자들이 원하는 것이란

데이브 배리 지음 · 정유미 옮김

미국에서 가장 웃기는 사나이 데이브 배리의
아주 웃기고 쬐끔 도움되는 자녀교육(?)과 자질구레한 이야기.

늑대를 구한 개
버림받은 그레이 하운드가 나를 구하다
스티븐 울프, 리넷 파도와 지음 · 이혁 옮김

허리 통증때문에 혼자 걷지도 못하게 된 변호사
경견 장에서 쫓겨나 버림 받은 그레이 하운드
화려했던 시절을 보내고 바닥에 내려앉은 두 영혼이
서로를 의지하며 새로운 삶을 개척해 나가는 감동 실화

저녁이 준 선물
아빠의 빈 자리를 채운 52번의 기적
사라 스마일리 지음 · 조미라 옮김

군인인 남편의 파병 기간 동안, 세 아들에게 아빠의 빈 자리를
채워주려는 한 주부의 기적 같은 저녁 식사 프로젝트가 시작된다.
전 미국인이 감동한 실화 가족 에세이.